DEDICATION

This IT'S MY TURN TO TAKE A SELFISH Self-Care Logbook is dedicated to all those overwhelmed individuals & families out there who are looking to make their journey just a little bit smoother. We know that staying organized and writing out your thoughts and feelings during this time is essential.

YOU are my inspiration for producing this Self-Care Logbook and I'm honored to be a part of keeping all of your essential thoughts, experiences, emotions and notes organized all in one easy to find spot. We're honored and glad if we help make your day easier in any way!

HOW TO USE

The purpose of this Self-Care Logbook is to keep all your various "taking care of YOU activities and ideas" organized in one easy to find spot. Here are some simple guidelines to follow so you can make the most of using this book:

1. The "Level 10 Life Goals" section is for you to write goals and list out Friends and Family, Business and Career, Romance, Finances, Faith so that you can track your own self care adventures. Most ideas are inspired by something we have seen.
2. Use the "Self Care Checklist" section to write down your monthly routines with check marks so you can go back there to be reminded later.
3. The "Monthly Mood Log" section is for you to write out and assign color codes for each mood experienced and a wheel to track each day are included. Some ideas require listing them out,
4. The "Gratitude Tracker" section is great for using the stepping stones to fill in the days you felt grateful.
5. Flip the page over and this is where your Workout Tracker and Goals information begins.
6. The "Grateful Heart" section is so you can list out People, Places, Memories and Personal Milestones that you are happy about.
7. Finally, the "Sleep Log" section is for you to make entries about hours slept and track the number of hours of sleep by checking them off. Also included is a special place for any notes for making dreams come true!

Level 10 LIFE GOALS

GIVE EACH NUMBER A DIFFERENT COLOR

1. **Friends & Family**

2. **Romance**

3. **Faith**

4. **Personal Growth**

5. **Health & Fitness**

6. **Business & Career**

7. **Finances**

8. **Fun & Recreation**

9. **Community**

10. **Fitness**

Level 10 LIFE GOALS

"If you can dream it, you can do it." —Walt Disney

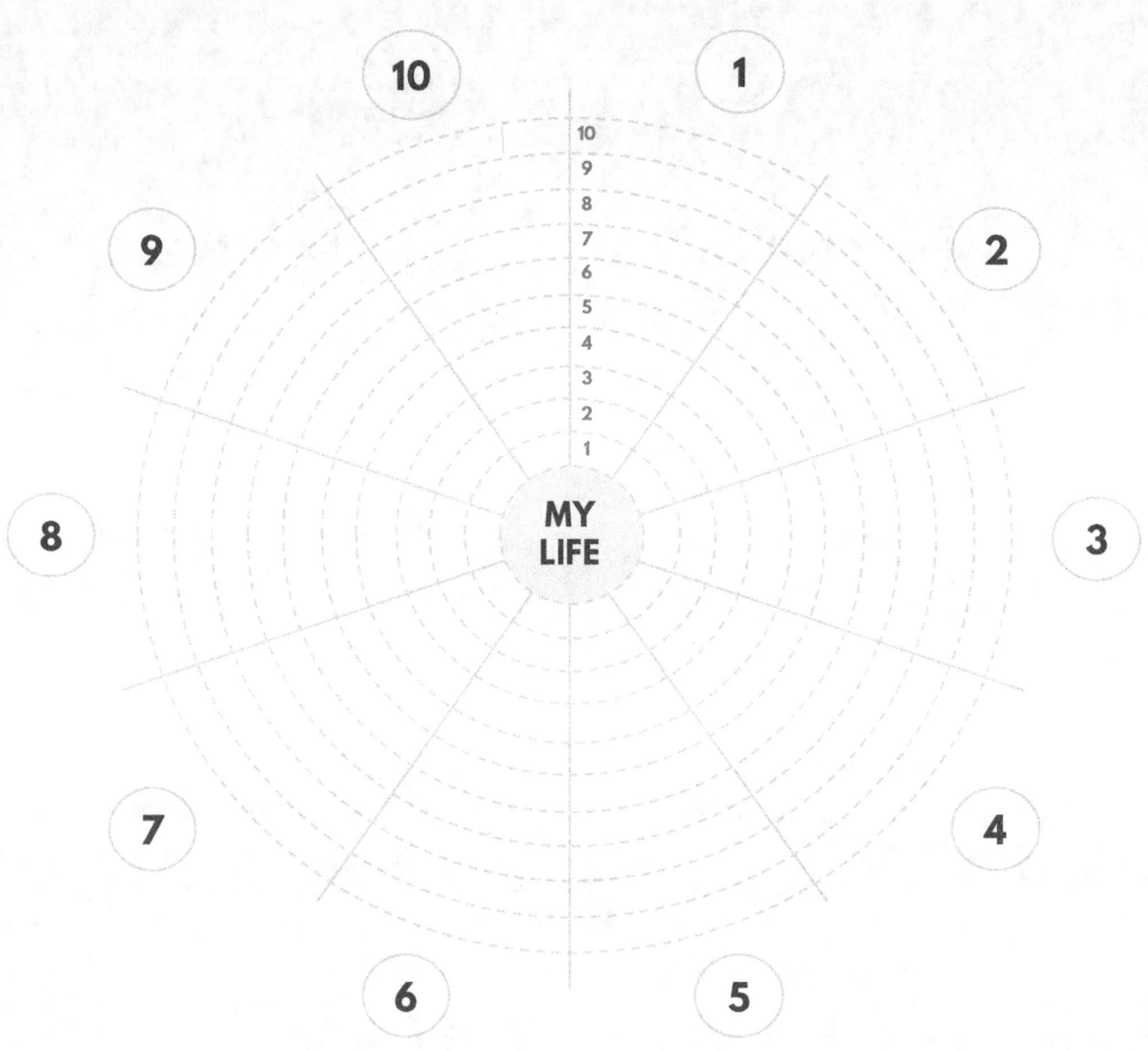

USE THE CHART ABOVE TO DOCUMENT YOUR PROGRESS AND EXPAND YOUR HORIZONS. MATCH COLORS WITH YOUR LIFE GOAL OVERVIEW.

Self Care CHECKLIST

JANUARY 2020

MORNING ROUTINE

1 2 3 4 5 6 7 8 9 10 11 12 13 14 15 16 17 18 19 20 21 22 23 24 25 26 27 28 29 30 31

AFTERNOON ROUTINE

1 2 3 4 5 6 7 8 9 10 11 12 13 14 15 16 17 18 19 20 21 22 23 24 25 26 27 28 29 30 31

EVENING ROUTINE

1 2 3 4 5 6 7 8 9 10 11 12 13 14 15 16 17 18 19 20 21 22 23 24 25 26 27 28 29 30 31

MONTHLY REFLECTION

Monthly Mood Log

ASSIGNED COLOR CODES

HAPPY	SAD	TIRED	
SICK	STRESSED	DEPRESSED	
EXCITED	ANGRY	NERVOUS	
ENERGETIC	FOCUSED	MOTIVATED	

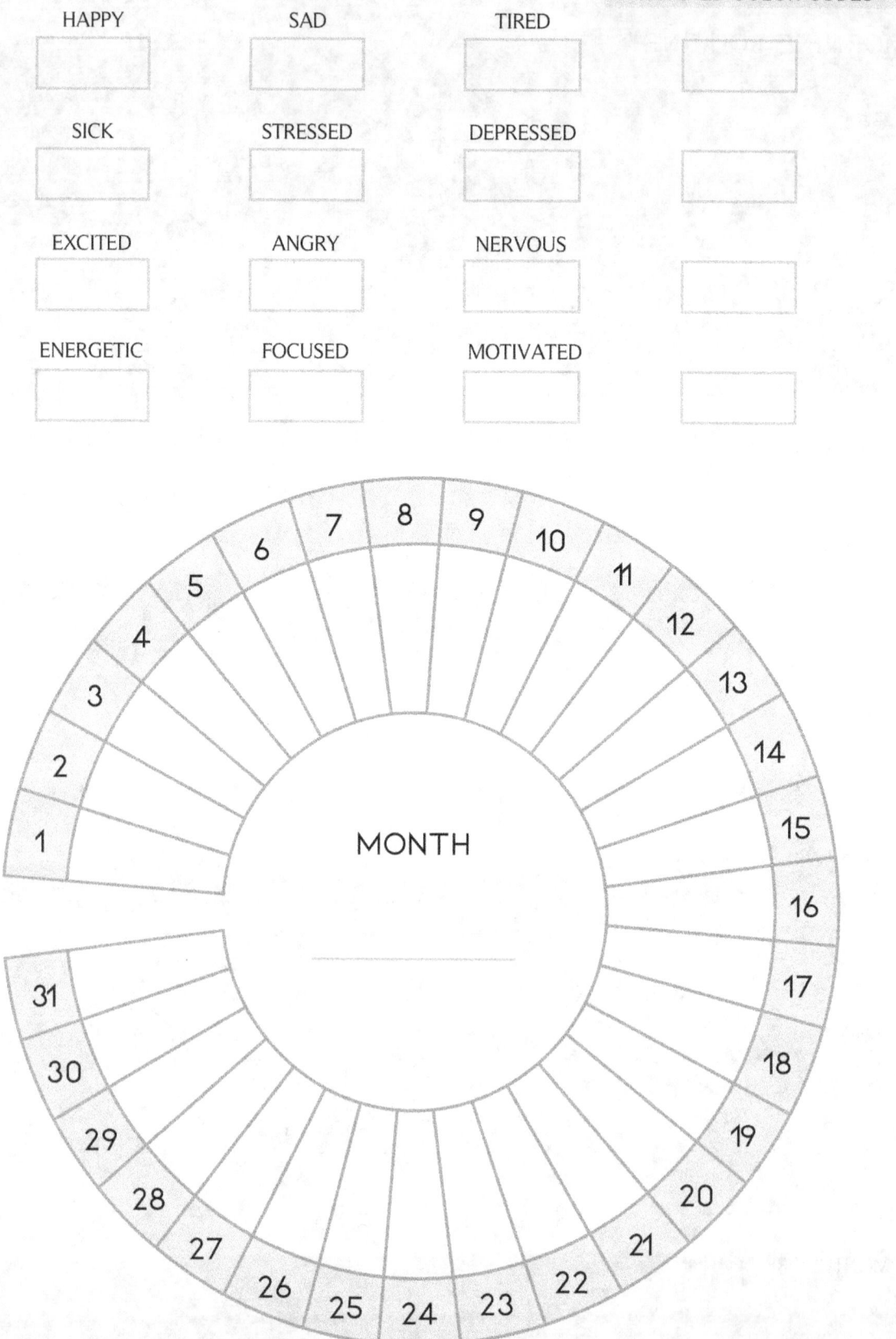

Gratitude TRACKER

USE THE STEPPING BLOCKS BELOW TO FILL IN
THE DAYS WHERE YOU FELT GRATEFUL.

MONTH:

- 1
- 2
- 3
- 4
- 5
- 6
- 8
- 9
- 10
- 11
- 11
- 12
- 13
- 14
- 15
- 16
- 17
- 18
- 19
- 20
- 21
- 22
- 23
- 24
- 25
- 26
- 27
- 28
- 29
- 30
- 31

Workouts
✦ 31 DAY PLANNER ✦

FOCUS

| MONTH | JAN | FEB | MAR | APR | MAY | JUN | JUL | AUG | SEP | OCT | NOV | DEC |

TOP WORKOUT GOALS

FAVORITE WORKOUTS

NOTES

DATE	WORKOUT SUMMARY	TIME	✓
1.			○
2.			○
3.			○
4.			○
5.			○
6.			○
7.			○
8.			○
9.			○
10.			○
11.			○
12.			○
13.			○
14.			○
15.			○
16.			○
17.			○
18.			○
19.			○
20.			○
21.			○
22.			○
23.			○
24.			○
25.			○
26.			○
27.			○
28.			○
29.			○
30.			○
31.			○

GRATEFUL *Heart*

WHAT I AM MOST GRATEFUL FOR

PEOPLE

1
2
3
4
5
6
7

PLACES

1
2
3
4
5
6
7

MEMORIES

1
2
3
4
5
6
7

PERSONAL MILESTONES

1
2
3
4
5
6
7

WORK LIFE

1
2
3
4
5
6
7

OTHER

1
2
3
4
5
6
7

Gratitude LOG

MONTH : _____

DAY	TODAY I AM GRATEFUL FOR:
1	
2	
3	
4	
5	
6	
7	
8	
9	
10	
11	
12	
13	
14	
15	
16	
17	
18	
19	
20	
21	
22	
23	
24	
25	
26	
27	
28	
29	
30	
31	

SLEEP LOG

YEAR:　　　　　MONTH:

DAY	HOURS SLEPT	NOTES
1	7 8 9 10 11 12 1 2 3 4 5 6 7 8 9 10 11 12 13	
2	7 8 9 10 11 12 1 2 3 4 5 6 7 8 9 10 11 12 13	
3	7 8 9 10 11 12 1 2 3 4 5 6 7 8 9 10 11 12 13	
4	7 8 9 10 11 12 1 2 3 4 5 6 7 8 9 10 11 12 13	
5	7 8 9 10 11 12 1 2 3 4 5 6 7 8 9 10 11 12 13	
6	7 8 9 10 11 12 1 2 3 4 5 6 7 8 9 10 11 12 13	
7	7 8 9 10 11 12 1 2 3 4 5 6 7 8 9 10 11 12 13	
8	7 8 9 10 11 12 1 2 3 4 5 6 7 8 9 10 11 12 13	
9	7 8 9 10 11 12 1 2 3 4 5 6 7 8 9 10 11 12 13	
10	7 8 9 10 11 12 1 2 3 4 5 6 7 8 9 10 11 12 13	
11	7 8 9 10 11 12 1 2 3 4 5 6 7 8 9 10 11 12 13	
12	7 8 9 10 11 12 1 2 3 4 5 6 7 8 9 10 11 12 13	
13	7 8 9 10 11 12 1 2 3 4 5 6 7 8 9 10 11 12 13	
14	7 8 9 10 11 12 1 2 3 4 5 6 7 8 9 10 11 12 13	
15	7 8 9 10 11 12 1 2 3 4 5 6 7 8 9 10 11 12 13	
16	7 8 9 10 11 12 1 2 3 4 5 6 7 8 9 10 11 12 13	
17	7 8 9 10 11 12 1 2 3 4 5 6 7 8 9 10 11 12 13	
18	7 8 9 10 11 12 1 2 3 4 5 6 7 8 9 10 11 12 13	
19	7 8 9 10 11 12 1 2 3 4 5 6 7 8 9 10 11 12 13	
20	7 8 9 10 11 12 1 2 3 4 5 6 7 8 9 10 11 12 13	
21	7 8 9 10 11 12 1 2 3 4 5 6 7 8 9 10 11 12 13	
22	7 8 9 10 11 12 1 2 3 4 5 6 7 8 9 10 11 12 13	
23	7 8 9 10 11 12 1 2 3 4 5 6 7 8 9 10 11 12 13	
24	7 8 9 10 11 12 1 2 3 4 5 6 7 8 9 10 11 12 13	
25	7 8 9 10 11 12 1 2 3 4 5 6 7 8 9 10 11 12 13	
26	7 8 9 10 11 12 1 2 3 4 5 6 7 8 9 10 11 12 13	
27	7 8 9 10 11 12 1 2 3 4 5 6 7 8 9 10 11 12 13	
28	7 8 9 10 11 12 1 2 3 4 5 6 7 8 9 10 11 12 13	
29	7 8 9 10 11 12 1 2 3 4 5 6 7 8 9 10 11 12 13	
30	7 8 9 10 11 12 1 2 3 4 5 6 7 8 9 10 11 12 13	
31	7 8 9 10 11 12 1 2 3 4 5 6 7 8 9 10 11 12 13	

Self Care Goals

TIME FRAME	MY GOALS	STEPS I'LL TAKE

be wild ~ be true ~ be happy

Self Care CHECKLIST
FEBRUARY 2020

MORNING ROUTINE

1 2 3 4 5 6 7 8 9 10 11 12 13 14 15 16 17 18 19 20 21 22 23 24 25 26 27 28 29

AFTERNOON ROUTINE

1 2 3 4 5 6 7 8 9 10 11 12 13 14 15 16 17 18 19 20 21 22 23 24 25 26 27 28 29

EVENING ROUTINE

1 2 3 4 5 6 7 8 9 10 11 12 13 14 15 16 17 18 19 20 21 22 23 24 25 26 27 28 29

MONTHLY REFLECTION

Monthly MOOD LOG

ASSIGNED COLOR CODES

HAPPY	SAD	TIRED
SICK	STRESSED	DEPRESSED
EXCITED	ANGRY	NERVOUS
ENERGETIC	FOCUSED	MOTIVATED

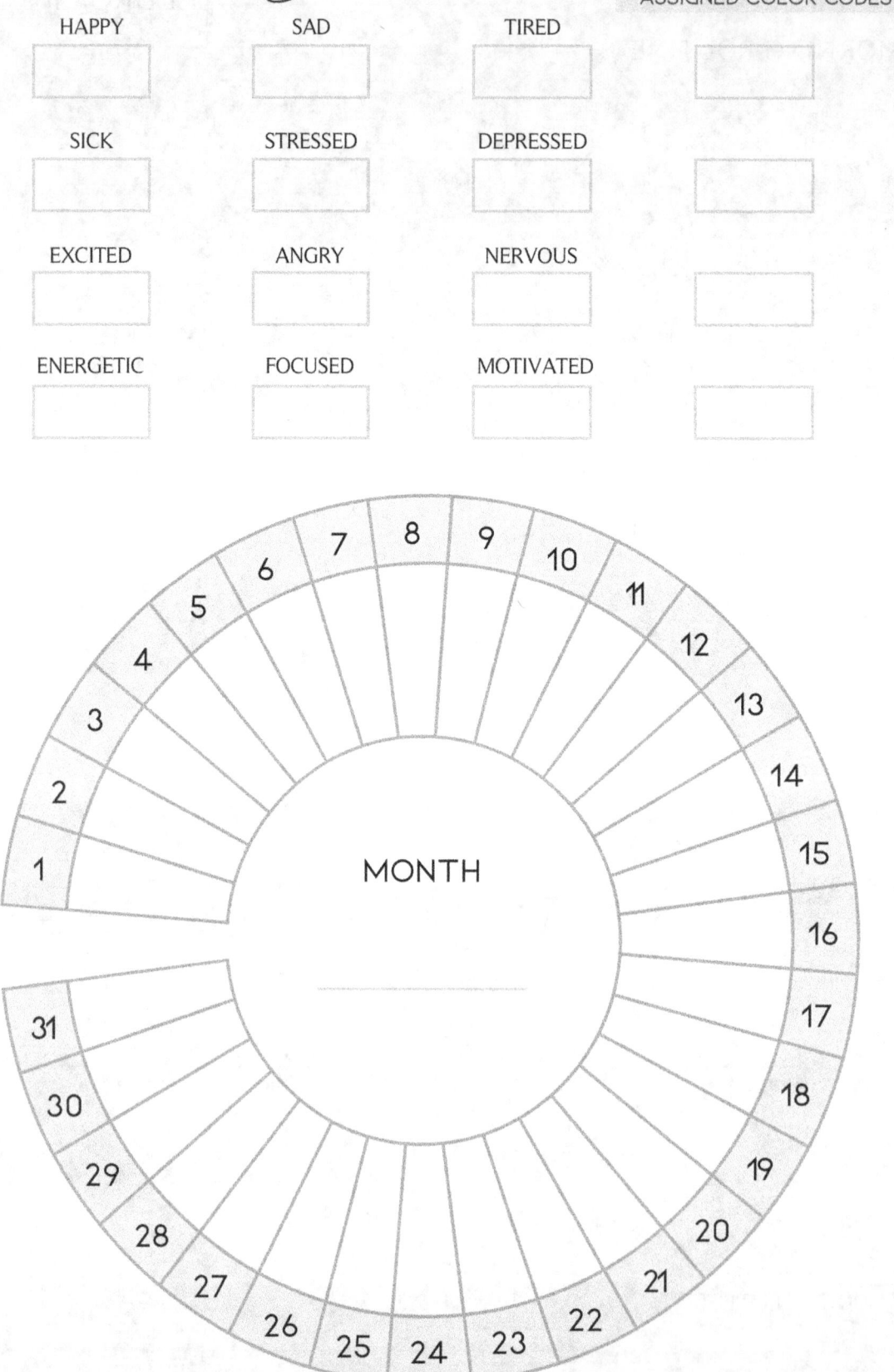

Gratitude TRACKER

USE THE STEPPING BLOCKS BELOW TO FILL IN THE DAYS WHERE YOU FELT GRATEFUL.

MONTH:

31 DAY PLANNER

FOCUS

| MONTH | JAN | FEB | MAR | APR | MAY | JUN | JUL | AUG | SEP | OCT | NOV | DEC |

TOP WORKOUT GOALS

DATE	WORKOUT SUMMARY	TIME	✓
1.			○
2.			○
3.			○
4.			○
5.			○
6.			○
7.			○
8.			○
9.			○
10.			○
11.			○
12.			○
13.			○
14.			○
15.			○
16.			○
17.			○
18.			○
19.			○
20.			○
21.			○
22.			○
23.			○
24.			○
25.			○
26.			○
27.			○
28.			○
29.			○
30.			○
31.			○

FAVORITE WORKOUTS

NOTES

GRATEFUL *Heart*

WHAT I AM MOST GRATEFUL FOR

PEOPLE

1.
2.
3.
4.
5.
6.
7.

PLACES

1.
2.
3.
4.
5.
6.
7.

MEMORIES

1.
2.
3.
4.
5.
6.
7.

PERSONAL MILESTONES

1.
2.
3.
4.
5.
6.
7.

WORK LIFE

1.
2.
3.
4.
5.
6.
7.

OTHER

1.
2.
3.
4.
5.
6.
7.

Gratitude LOG

MONTH : _____

DAY	TODAY I AM GRATEFUL FOR:
1	
2	
3	
4	
5	
6	
7	
8	
9	
10	
11	
12	
13	
14	
15	
16	
17	
18	
19	
20	
21	
22	
23	
24	
25	
26	
27	
28	
29	
30	
31	

SLEEP LOG

YEAR: MONTH:

DAY	HOURS SLEPT	NOTES
1	7 8 9 10 11 12 1 2 3 4 5 6 7 8 9 10 11 12 13	
2	7 8 9 10 11 12 1 2 3 4 5 6 7 8 9 10 11 12 13	
3	7 8 9 10 11 12 1 2 3 4 5 6 7 8 9 10 11 12 13	
4	7 8 9 10 11 12 1 2 3 4 5 6 7 8 9 10 11 12 13	
5	7 8 9 10 11 12 1 2 3 4 5 6 7 8 9 10 11 12 13	
6	7 8 9 10 11 12 1 2 3 4 5 6 7 8 9 10 11 12 13	
7	7 8 9 10 11 12 1 2 3 4 5 6 7 8 9 10 11 12 13	
8	7 8 9 10 11 12 1 2 3 4 5 6 7 8 9 10 11 12 13	
9	7 8 9 10 11 12 1 2 3 4 5 6 7 8 9 10 11 12 13	
10	7 8 9 10 11 12 1 2 3 4 5 6 7 8 9 10 11 12 13	
11	7 8 9 10 11 12 1 2 3 4 5 6 7 8 9 10 11 12 13	
12	7 8 9 10 11 12 1 2 3 4 5 6 7 8 9 10 11 12 13	
13	7 8 9 10 11 12 1 2 3 4 5 6 7 8 9 10 11 12 13	
14	7 8 9 10 11 12 1 2 3 4 5 6 7 8 9 10 11 12 13	
15	7 8 9 10 11 12 1 2 3 4 5 6 7 8 9 10 11 12 13	
16	7 8 9 10 11 12 1 2 3 4 5 6 7 8 9 10 11 12 13	
17	7 8 9 10 11 12 1 2 3 4 5 6 7 8 9 10 11 12 13	
18	7 8 9 10 11 12 1 2 3 4 5 6 7 8 9 10 11 12 13	
19	7 8 9 10 11 12 1 2 3 4 5 6 7 8 9 10 11 12 13	
20	7 8 9 10 11 12 1 2 3 4 5 6 7 8 9 10 11 12 13	
21	7 8 9 10 11 12 1 2 3 4 5 6 7 8 9 10 11 12 13	
22	7 8 9 10 11 12 1 2 3 4 5 6 7 8 9 10 11 12 13	
23	7 8 9 10 11 12 1 2 3 4 5 6 7 8 9 10 11 12 13	
24	7 8 9 10 11 12 1 2 3 4 5 6 7 8 9 10 11 12 13	
25	7 8 9 10 11 12 1 2 3 4 5 6 7 8 9 10 11 12 13	
26	7 8 9 10 11 12 1 2 3 4 5 6 7 8 9 10 11 12 13	
27	7 8 9 10 11 12 1 2 3 4 5 6 7 8 9 10 11 12 13	
28	7 8 9 10 11 12 1 2 3 4 5 6 7 8 9 10 11 12 13	
29	7 8 9 10 11 12 1 2 3 4 5 6 7 8 9 10 11 12 13	
30	7 8 9 10 11 12 1 2 3 4 5 6 7 8 9 10 11 12 13	
31	7 8 9 10 11 12 1 2 3 4 5 6 7 8 9 10 11 12 13	

Self Care CHECKLIST
MARCH 2020

MORNING ROUTINE

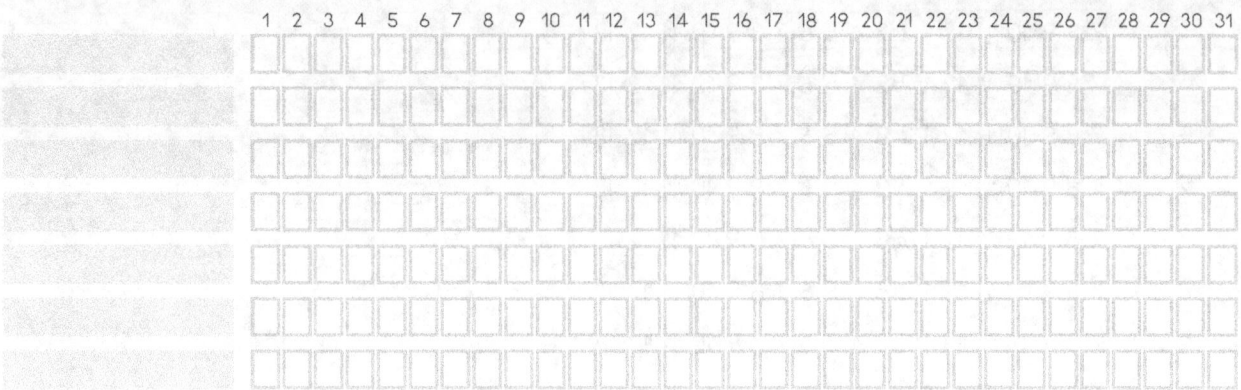

AFTERNOON ROUTINE

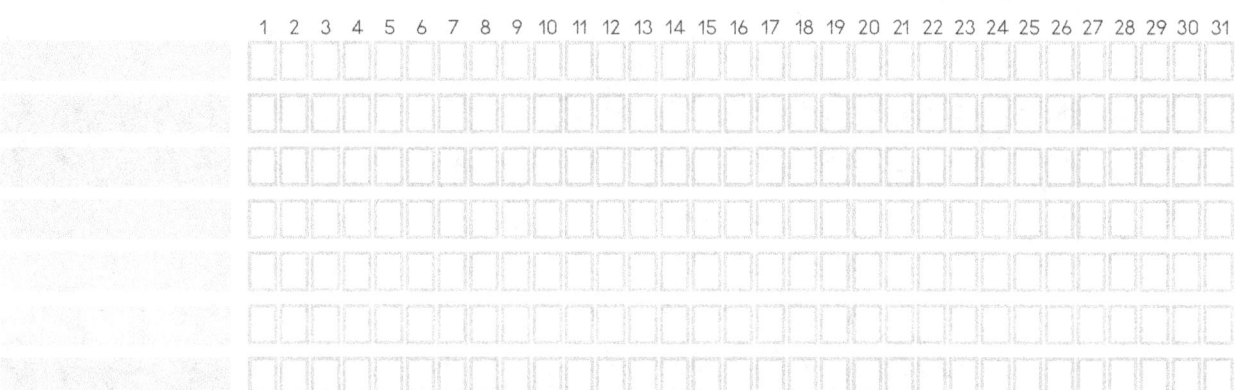

EVENING ROUTINE

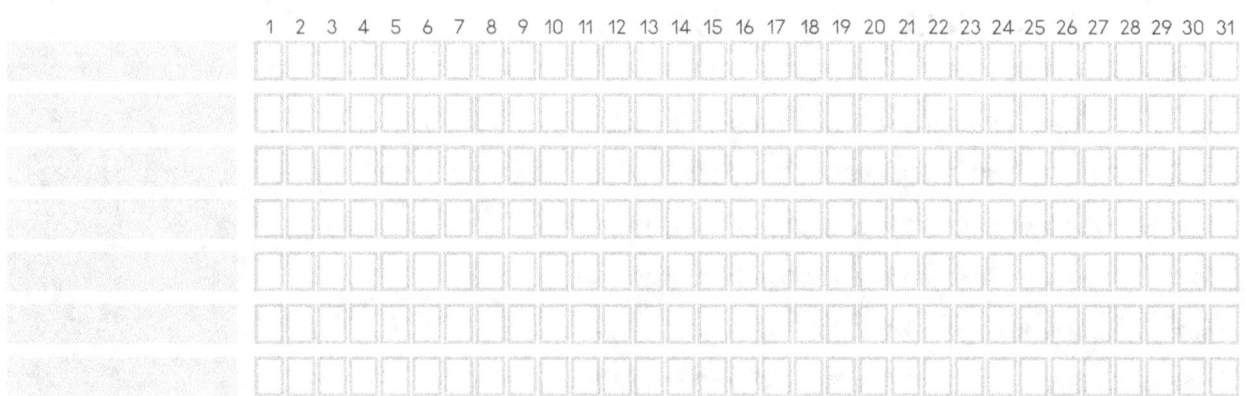

MONTHLY REFLECTION

Monthly MOOD LOG

ASSIGNED COLOR CODES

HAPPY	SAD	TIRED	
SICK	STRESSED	DEPRESSED	
EXCITED	ANGRY	NERVOUS	
ENERGETIC	FOCUSED	MOTIVATED	

MONTH

1 2 3 4 5 6 7 8 9 10 11 12 13 14 15 16 17 18 19 20 21 22 23 24 25 26 27 28 29 30 31

Gratitude TRACKER

USE THE STEPPING BLOCKS BELOW TO FILL IN
THE DAYS WHERE YOU FELT GRATEFUL.

MONTH: _____

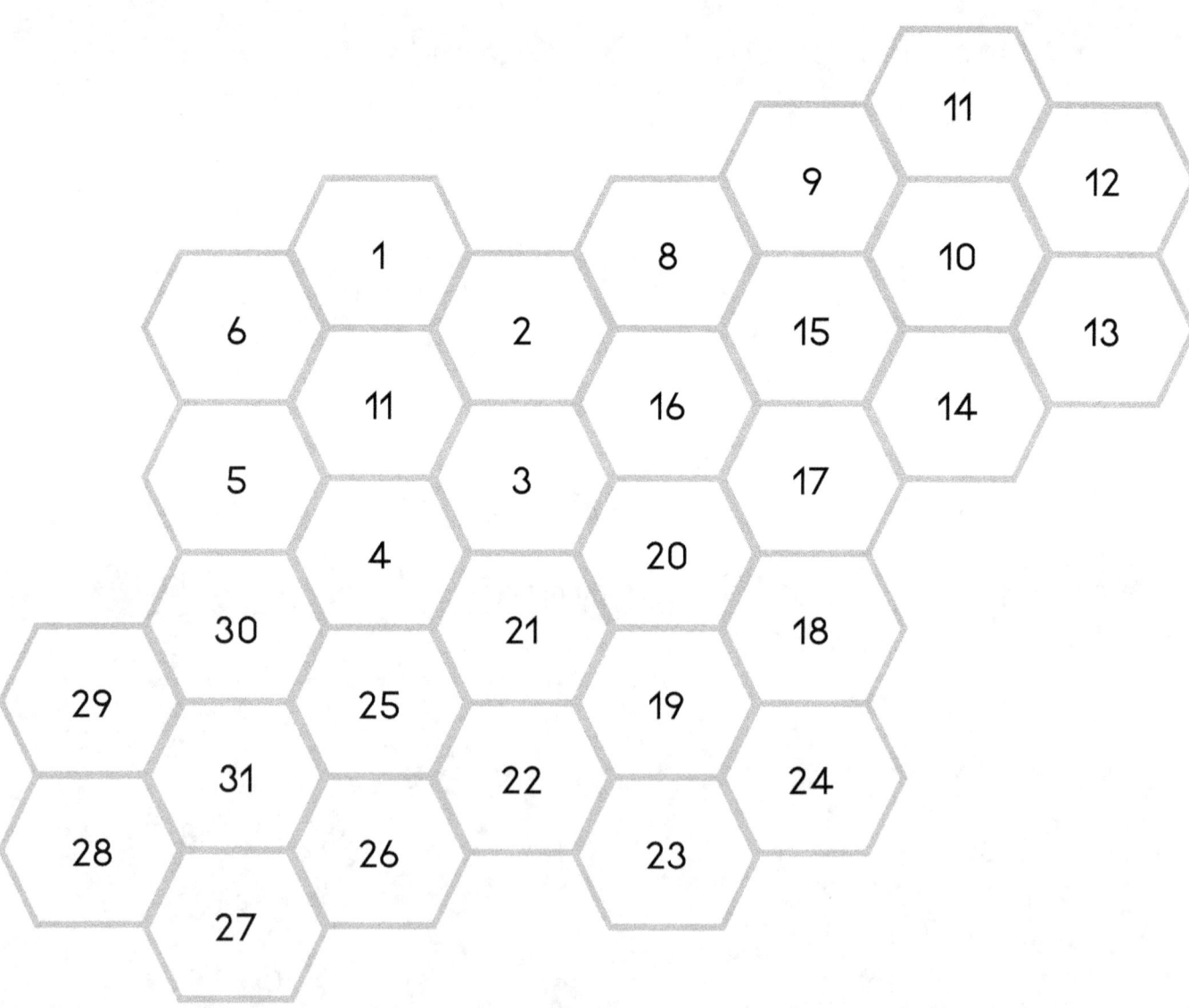

Level 10 LIFESTYLE

FAMILY & FRIENDS	PERSONAL GROWTH	CAREER/BUSINESS

CONTRIBUTION/GIVING	ROMANCE	FINANCES

ENVIRONMENT	SPIRITUALITY	HEALTH/FITNESS

Workouts
✦ 31 DAY PLANNER ✦

FOCUS

| MONTH | JAN | FEB | MAR | APR | MAY | JUN | JUL | AUG | SEP | OCT | NOV | DEC |

TOP WORKOUT GOALS

FAVORITE WORKOUTS

NOTES

DATE	WORKOUT SUMMARY	TIME	✓
1.			○
2.			○
3.			○
4.			○
5.			○
6.			○
7.			○
8.			○
9.			○
10.			○
11.			○
12.			○
13.			○
14.			○
15.			○
16.			○
17.			○
18.			○
19.			○
20.			○
21.			○
22.			○
23.			○
24.			○
25.			○
26.			○
27.			○
28.			○
29.			○
30.			○
31.			○

GRATEFUL Heart

WHAT I AM MOST GRATEFUL FOR

PEOPLE

1
2
3
4
5
6
7

PLACES

1
2
3
4
5
6
7

MEMORIES

1
2
3
4
5
6
7

PERSONAL MILESTONES

1
2
3
4
5
6
7

WORK LIFE

1
2
3
4
5
6
7

OTHER

1
2
3
4
5
6
7

Gratitude LOG

MONTH : _____

DAY	TODAY I AM GRATEFUL FOR:
1	
2	
3	
4	
5	
6	
7	
8	
9	
10	
11	
12	
13	
14	
15	
16	
17	
18	
19	
20	
21	
22	
23	
24	
25	
26	
27	
28	
29	
30	
31	

SLEEP LOG

YEAR: MONTH:

DAY	HOURS SLEPT	NOTES
1	7 8 9 10 11 12 1 2 3 4 5 6 7 8 9 10 11 12 13	
2	7 8 9 10 11 12 1 2 3 4 5 6 7 8 9 10 11 12 13	
3	7 8 9 10 11 12 1 2 3 4 5 6 7 8 9 10 11 12 13	
4	7 8 9 10 11 12 1 2 3 4 5 6 7 8 9 10 11 12 13	
5	7 8 9 10 11 12 1 2 3 4 5 6 7 8 9 10 11 12 13	
6	7 8 9 10 11 12 1 2 3 4 5 6 7 8 9 10 11 12 13	
7	7 8 9 10 11 12 1 2 3 4 5 6 7 8 9 10 11 12 13	
8	7 8 9 10 11 12 1 2 3 4 5 6 7 8 9 10 11 12 13	
9	7 8 9 10 11 12 1 2 3 4 5 6 7 8 9 10 11 12 13	
10	7 8 9 10 11 12 1 2 3 4 5 6 7 8 9 10 11 12 13	
11	7 8 9 10 11 12 1 2 3 4 5 6 7 8 9 10 11 12 13	
12	7 8 9 10 11 12 1 2 3 4 5 6 7 8 9 10 11 12 13	
13	7 8 9 10 11 12 1 2 3 4 5 6 7 8 9 10 11 12 13	
14	7 8 9 10 11 12 1 2 3 4 5 6 7 8 9 10 11 12 13	
15	7 8 9 10 11 12 1 2 3 4 5 6 7 8 9 10 11 12 13	
16	7 8 9 10 11 12 1 2 3 4 5 6 7 8 9 10 11 12 13	
17	7 8 9 10 11 12 1 2 3 4 5 6 7 8 9 10 11 12 13	
18	7 8 9 10 11 12 1 2 3 4 5 6 7 8 9 10 11 12 13	
19	7 8 9 10 11 12 1 2 3 4 5 6 7 8 9 10 11 12 13	
20	7 8 9 10 11 12 1 2 3 4 5 6 7 8 9 10 11 12 13	
21	7 8 9 10 11 12 1 2 3 4 5 6 7 8 9 10 11 12 13	
22	7 8 9 10 11 12 1 2 3 4 5 6 7 8 9 10 11 12 13	
23	7 8 9 10 11 12 1 2 3 4 5 6 7 8 9 10 11 12 13	
24	7 8 9 10 11 12 1 2 3 4 5 6 7 8 9 10 11 12 13	
25	7 8 9 10 11 12 1 2 3 4 5 6 7 8 9 10 11 12 13	
26	7 8 9 10 11 12 1 2 3 4 5 6 7 8 9 10 11 12 13	
27	7 8 9 10 11 12 1 2 3 4 5 6 7 8 9 10 11 12 13	
28	7 8 9 10 11 12 1 2 3 4 5 6 7 8 9 10 11 12 13	
29	7 8 9 10 11 12 1 2 3 4 5 6 7 8 9 10 11 12 13	
30	7 8 9 10 11 12 1 2 3 4 5 6 7 8 9 10 11 12 13	
31	7 8 9 10 11 12 1 2 3 4 5 6 7 8 9 10 11 12 13	

Self Care CHECKLIST
APRIL 2020

MORNING ROUTINE

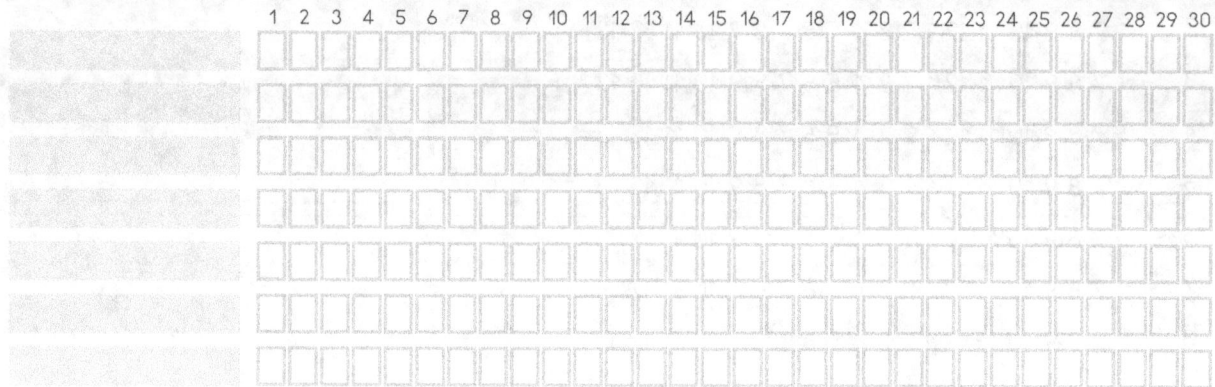

AFTERNOON ROUTINE

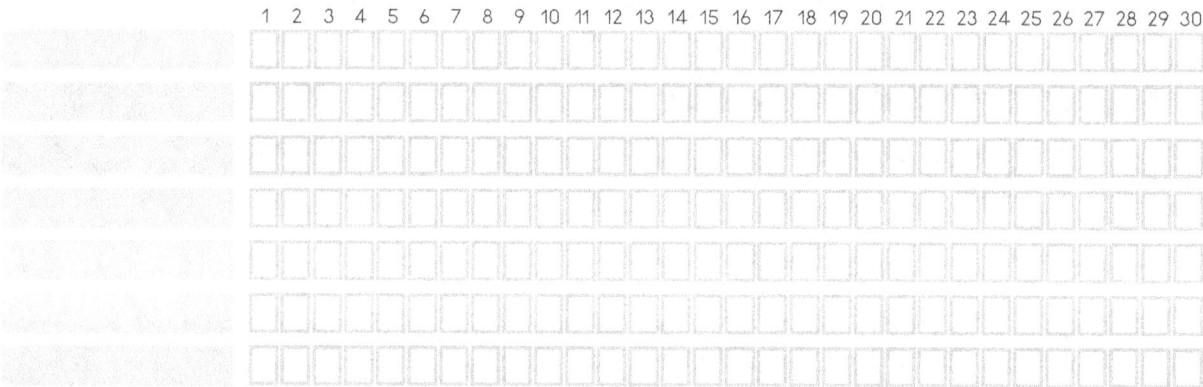

EVENING ROUTINE

MONTHLY REFLECTION

Monthly MOOD LOG

ASSIGNED COLOR CODES

HAPPY   SAD   TIRED

SICK   STRESSED   DEPRESSED

EXCITED   ANGRY   NERVOUS

ENERGETIC FOCUSED   MOTIVATED

MONTH

1 2 3 4 5 6 7 8 9 10 11 12 13 14 15 16 17 18 19 20 21 22 23 24 25 26 27 28 29 30 31

Gratitude *Tracker*

USE THE STEPPING BLOCKS BELOW TO FILL IN
THE DAYS WHERE YOU FELT GRATEFUL.

MONTH: _____

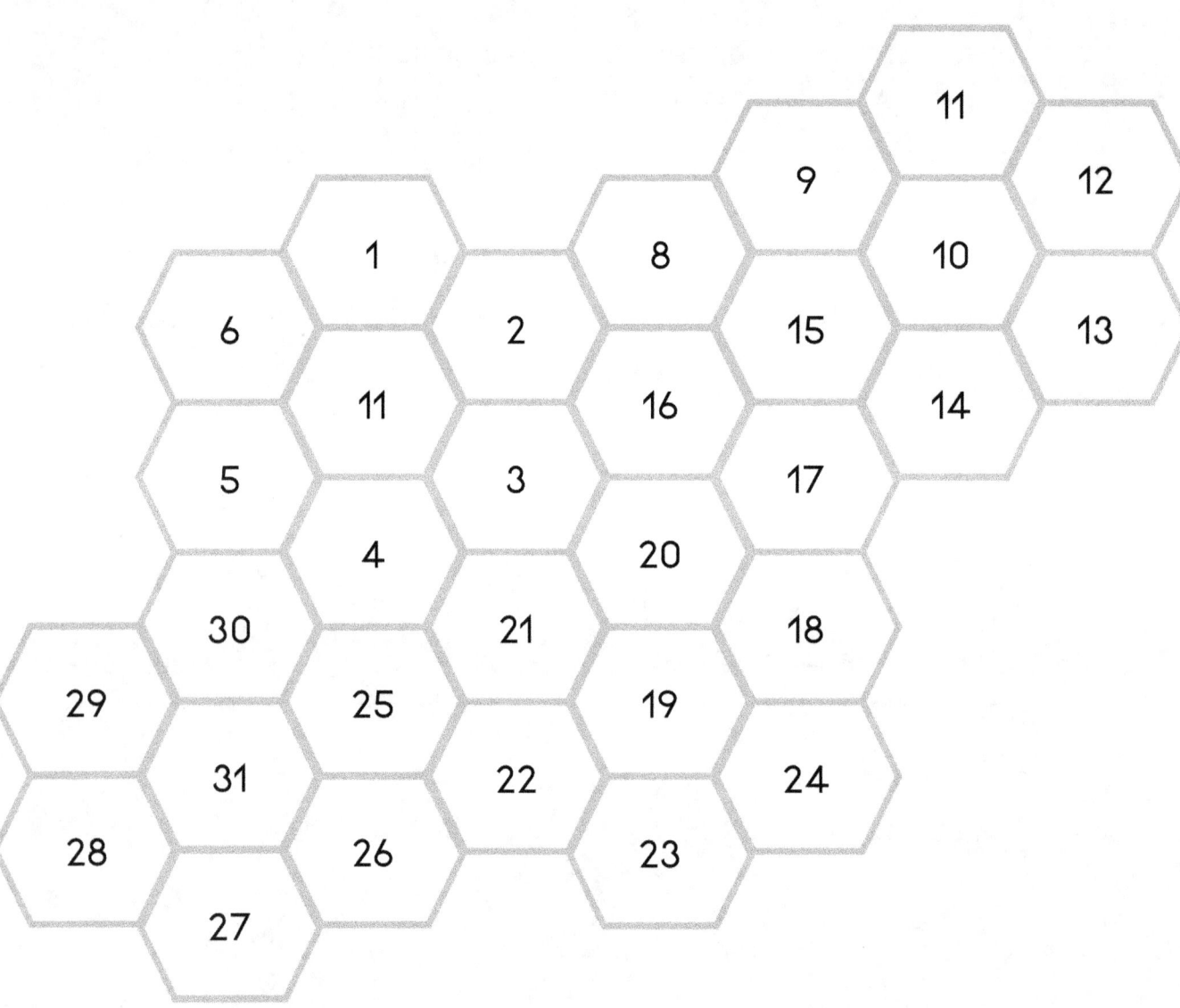

Level 10 LIFESTYLE

FAMILY & FRIENDS	PERSONAL GROWTH	CAREER/BUSINESS

CONTRIBUTION/GIVING	ROMANCE	FINANCES

ENVIRONMENT	SPIRITUALITY	HEALTH/FITNESS

Workouts
✦ 31 DAY PLANNER ✦

FOCUS

MONTH | JAN | FEB | MAR | APR | MAY | JUN | JUL | AUG | SEP | OCT | NOV | DEC

TOP WORKOUT GOALS

FAVORITE WORKOUTS

NOTES

DATE	WORKOUT SUMMARY	TIME	✓
1.			○
2.			○
3.			○
4.			○
5.			○
6.			○
7.			○
8.			○
9.			○
10.			○
11.			○
12.			○
13.			○
14.			○
15.			○
16.			○
17.			○
18.			○
19.			○
20.			○
21.			○
22.			○
23.			○
24.			○
25.			○
26.			○
27.			○
28.			○
29.			○
30.			○
31.			○

GRATEFUL *Heart*

WHAT I AM MOST GRATEFUL FOR

PEOPLE

1
2
3
4
5
6
7

PLACES

1
2
3
4
5
6
7

MEMORIES

1
2
3
4
5
6
7

PERSONAL MILESTONES

1
2
3
4
5
6
7

WORK LIFE

1
2
3
4
5
6
7

OTHER

1
2
3
4
5
6
7

Gratitude LOG

MONTH :

DAY	TODAY I AM GRATEFUL FOR:
1	
2	
3	
4	
5	
6	
7	
8	
9	
10	
11	
12	
13	
14	
15	
16	
17	
18	
19	
20	
21	
22	
23	
24	
25	
26	
27	
28	
29	
30	
31	

SLEEP LOG

YEAR: MONTH:

DAY	HOURS SLEPT	NOTES
1	7 8 9 10 11 12 1 2 3 4 5 6 7 8 9 10 11 12 13	
2	7 8 9 10 11 12 1 2 3 4 5 6 7 8 9 10 11 12 13	
3	7 8 9 10 11 12 1 2 3 4 5 6 7 8 9 10 11 12 13	
4	7 8 9 10 11 12 1 2 3 4 5 6 7 8 9 10 11 12 13	
5	7 8 9 10 11 12 1 2 3 4 5 6 7 8 9 10 11 12 13	
6	7 8 9 10 11 12 1 2 3 4 5 6 7 8 9 10 11 12 13	
7	7 8 9 10 11 12 1 2 3 4 5 6 7 8 9 10 11 12 13	
8	7 8 9 10 11 12 1 2 3 4 5 6 7 8 9 10 11 12 13	
9	7 8 9 10 11 12 1 2 3 4 5 6 7 8 9 10 11 12 13	
10	7 8 9 10 11 12 1 2 3 4 5 6 7 8 9 10 11 12 13	
11	7 8 9 10 11 12 1 2 3 4 5 6 7 8 9 10 11 12 13	
12	7 8 9 10 11 12 1 2 3 4 5 6 7 8 9 10 11 12 13	
13	7 8 9 10 11 12 1 2 3 4 5 6 7 8 9 10 11 12 13	
14	7 8 9 10 11 12 1 2 3 4 5 6 7 8 9 10 11 12 13	
15	7 8 9 10 11 12 1 2 3 4 5 6 7 8 9 10 11 12 13	
16	7 8 9 10 11 12 1 2 3 4 5 6 7 8 9 10 11 12 13	
17	7 8 9 10 11 12 1 2 3 4 5 6 7 8 9 10 11 12 13	
18	7 8 9 10 11 12 1 2 3 4 5 6 7 8 9 10 11 12 13	
19	7 8 9 10 11 12 1 2 3 4 5 6 7 8 9 10 11 12 13	
20	7 8 9 10 11 12 1 2 3 4 5 6 7 8 9 10 11 12 13	
21	7 8 9 10 11 12 1 2 3 4 5 6 7 8 9 10 11 12 13	
22	7 8 9 10 11 12 1 2 3 4 5 6 7 8 9 10 11 12 13	
23	7 8 9 10 11 12 1 2 3 4 5 6 7 8 9 10 11 12 13	
24	7 8 9 10 11 12 1 2 3 4 5 6 7 8 9 10 11 12 13	
25	7 8 9 10 11 12 1 2 3 4 5 6 7 8 9 10 11 12 13	
26	7 8 9 10 11 12 1 2 3 4 5 6 7 8 9 10 11 12 13	
27	7 8 9 10 11 12 1 2 3 4 5 6 7 8 9 10 11 12 13	
28	7 8 9 10 11 12 1 2 3 4 5 6 7 8 9 10 11 12 13	
29	7 8 9 10 11 12 1 2 3 4 5 6 7 8 9 10 11 12 13	
30	7 8 9 10 11 12 1 2 3 4 5 6 7 8 9 10 11 12 13	
31	7 8 9 10 11 12 1 2 3 4 5 6 7 8 9 10 11 12 13	

Self Care Goals

TIME FRAME	MY GOALS	STEPS I'LL TAKE

be wild ~ be true ~ be happy

Self Care CHECKLIST

MAY 2020

MORNING ROUTINE

1 2 3 4 5 6 7 8 9 10 11 12 13 14 15 16 17 18 19 20 21 22 23 24 25 26 27 28 29 30 31

AFTERNOON ROUTINE

1 2 3 4 5 6 7 8 9 10 11 12 13 14 15 16 17 18 19 20 21 22 23 24 25 26 27 28 29 30 31

EVENING ROUTINE

1 2 3 4 5 6 7 8 9 10 11 12 13 14 15 16 17 18 19 20 21 22 23 24 25 26 27 28 29 30 31

MONTHLY REFLECTION

Monthly MOOD LOG

ASSIGNED COLOR CODES

HAPPY   SAD   TIRED

SICK   STRESSED DEPRESSED

EXCITED   ANGRY   NERVOUS

ENERGETIC FOCUSED   MOTIVATED

MONTH

Gratitude TRACKER

USE THE STEPPING BLOCKS BELOW TO FILL IN
THE DAYS WHERE YOU FELT GRATEFUL.

MONTH:

						11	
				9			12
	1		8		10		
6		2		15			13
	11		16		14		
5		3		17			
	4		20				
	30		21		18		
29		25		19			
	31		22		24		
28		26		23			
	27						

Level 10 LIFESTYLE

FAMILY & FRIENDS	PERSONAL GROWTH	CAREER/BUSINESS

CONTRIBUTION/GIVING	ROMANCE	FINANCES

ENVIRONMENT	SPIRITUALITY	HEALTH/FITNESS

Workouts
✦ 31 DAY PLANNER ✦

FOCUS

| MONTH | JAN | FEB | MAR | APR | MAY | JUN | JUL | AUG | SEP | OCT | NOV | DEC |

TOP WORKOUT GOALS

DATE	WORKOUT SUMMARY	TIME	✓
1.			
2.			
3.			
4.			
5.			
6.			
7.			
8.			
9.			
10.			
11.			
12.			
13.			
14.			
15.			
16.			
17.			
18.			
19.			
20.			
21.			
22.			
23.			
24.			
25.			
26.			
27.			
28.			
29.			
30.			
31.			

FAVORITE WORKOUTS

NOTES

GRATEFUL Heart

WHAT I AM MOST GRATEFUL FOR

PEOPLE

1.
2.
3.
4.
5.
6.
7.

PLACES

1.
2.
3.
4.
5.
6.
7.

MEMORIES

1.
2.
3.
4.
5.
6.
7.

PERSONAL MILESTONES

1.
2.
3.
4.
5.
6.
7.

WORK LIFE

1.
2.
3.
4.
5.
6.
7.

OTHER

1.
2.
3.
4.
5.
6.
7.

Gratitude LOG

MONTH :

DAY	TODAY I AM GRATEFUL FOR:
1	
2	
3	
4	
5	
6	
7	
8	
9	
10	
11	
12	
13	
14	
15	
16	
17	
18	
19	
20	
21	
22	
23	
24	
25	
26	
27	
28	
29	
30	
31	

SLEEP LOG

YEAR: MONTH:

DAY	HOURS SLEPT	NOTES
1	7 8 9 10 11 12 1 2 3 4 5 6 7 8 9 10 11 12 13	
2	7 8 9 10 11 12 1 2 3 4 5 6 7 8 9 10 11 12 13	
3	7 8 9 10 11 12 1 2 3 4 5 6 7 8 9 10 11 12 13	
4	7 8 9 10 11 12 1 2 3 4 5 6 7 8 9 10 11 12 13	
5	7 8 9 10 11 12 1 2 3 4 5 6 7 8 9 10 11 12 13	
6	7 8 9 10 11 12 1 2 3 4 5 6 7 8 9 10 11 12 13	
7	7 8 9 10 11 12 1 2 3 4 5 6 7 8 9 10 11 12 13	
8	7 8 9 10 11 12 1 2 3 4 5 6 7 8 9 10 11 12 13	
9	7 8 9 10 11 12 1 2 3 4 5 6 7 8 9 10 11 12 13	
10	7 8 9 10 11 12 1 2 3 4 5 6 7 8 9 10 11 12 13	
11	7 8 9 10 11 12 1 2 3 4 5 6 7 8 9 10 11 12 13	
12	7 8 9 10 11 12 1 2 3 4 5 6 7 8 9 10 11 12 13	
13	7 8 9 10 11 12 1 2 3 4 5 6 7 8 9 10 11 12 13	
14	7 8 9 10 11 12 1 2 3 4 5 6 7 8 9 10 11 12 13	
15	7 8 9 10 11 12 1 2 3 4 5 6 7 8 9 10 11 12 13	
16	7 8 9 10 11 12 1 2 3 4 5 6 7 8 9 10 11 12 13	
17	7 8 9 10 11 12 1 2 3 4 5 6 7 8 9 10 11 12 13	
18	7 8 9 10 11 12 1 2 3 4 5 6 7 8 9 10 11 12 13	
19	7 8 9 10 11 12 1 2 3 4 5 6 7 8 9 10 11 12 13	
20	7 8 9 10 11 12 1 2 3 4 5 6 7 8 9 10 11 12 13	
21	7 8 9 10 11 12 1 2 3 4 5 6 7 8 9 10 11 12 13	
22	7 8 9 10 11 12 1 2 3 4 5 6 7 8 9 10 11 12 13	
23	7 8 9 10 11 12 1 2 3 4 5 6 7 8 9 10 11 12 13	
24	7 8 9 10 11 12 1 2 3 4 5 6 7 8 9 10 11 12 13	
25	7 8 9 10 11 12 1 2 3 4 5 6 7 8 9 10 11 12 13	
26	7 8 9 10 11 12 1 2 3 4 5 6 7 8 9 10 11 12 13	
27	7 8 9 10 11 12 1 2 3 4 5 6 7 8 9 10 11 12 13	
28	7 8 9 10 11 12 1 2 3 4 5 6 7 8 9 10 11 12 13	
29	7 8 9 10 11 12 1 2 3 4 5 6 7 8 9 10 11 12 13	
30	7 8 9 10 11 12 1 2 3 4 5 6 7 8 9 10 11 12 13	
31	7 8 9 10 11 12 1 2 3 4 5 6 7 8 9 10 11 12 13	

Self Care Goals

TIME FRAME	MY GOALS	STEPS I'LL TAKE

be wild ~ be true ~ be happy

Self Care CHECKLIST

JUNE 2020

MORNING ROUTINE

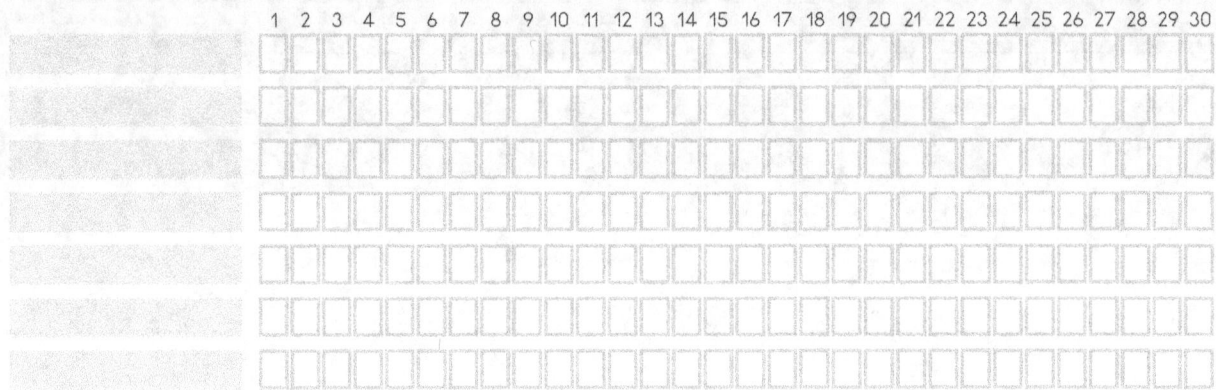

AFTERNOON ROUTINE

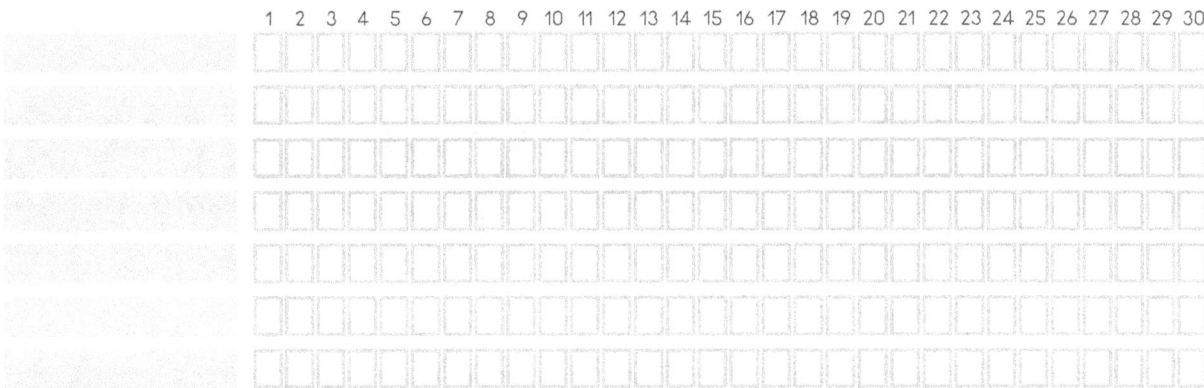

EVENING ROUTINE

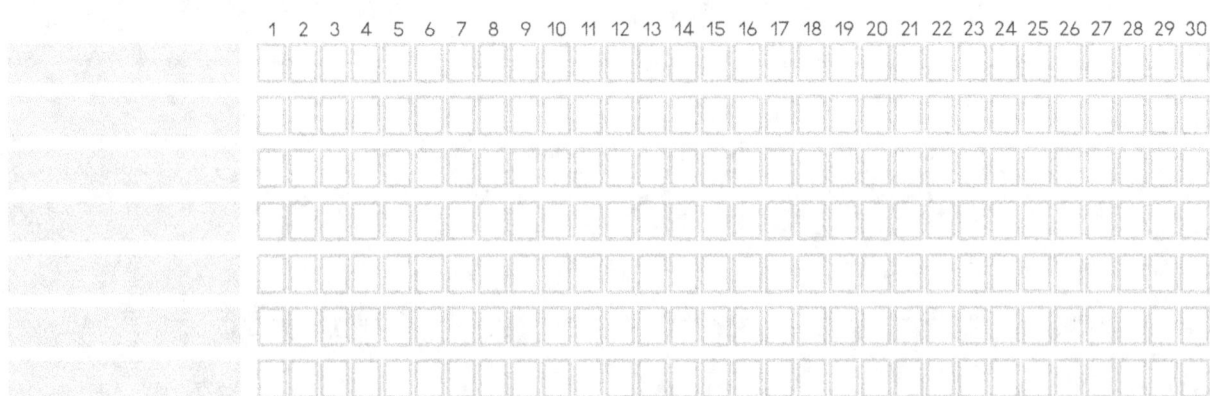

MONTHLY REFLECTION

Monthly MOOD LOG

ASSIGNED COLOR CODES

HAPPY　　　　SAD　　　　TIRED

SICK　　　　STRESSED　　　　DEPRESSED

EXCITED　　　　ANGRY　　　　NERVOUS

ENERGETIC　　　　FOCUSED　　　　MOTIVATED

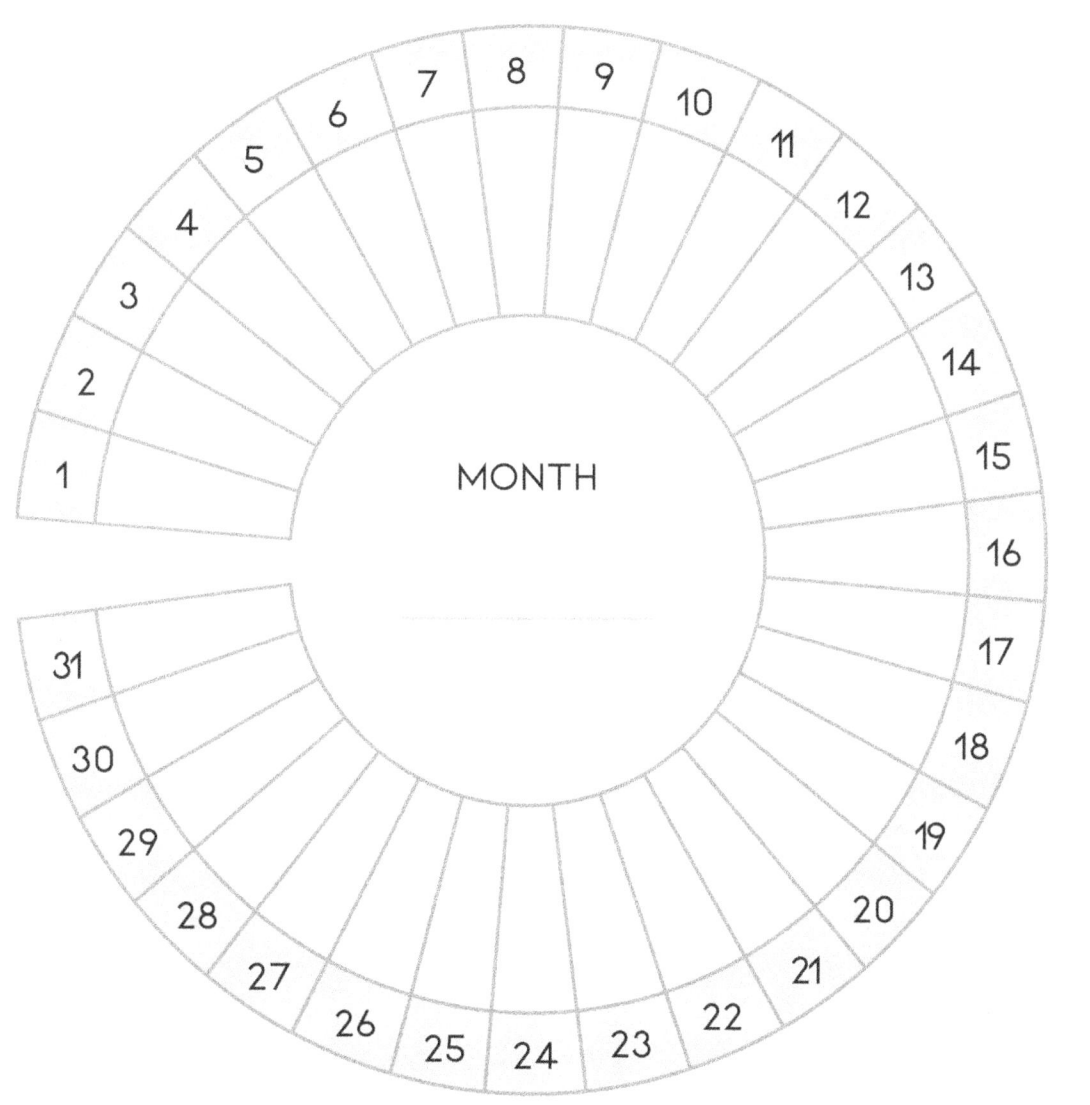

Gratitude TRACKER

USE THE STEPPING BLOCKS BELOW TO FILL IN
THE DAYS WHERE YOU FELT GRATEFUL.

MONTH: _____

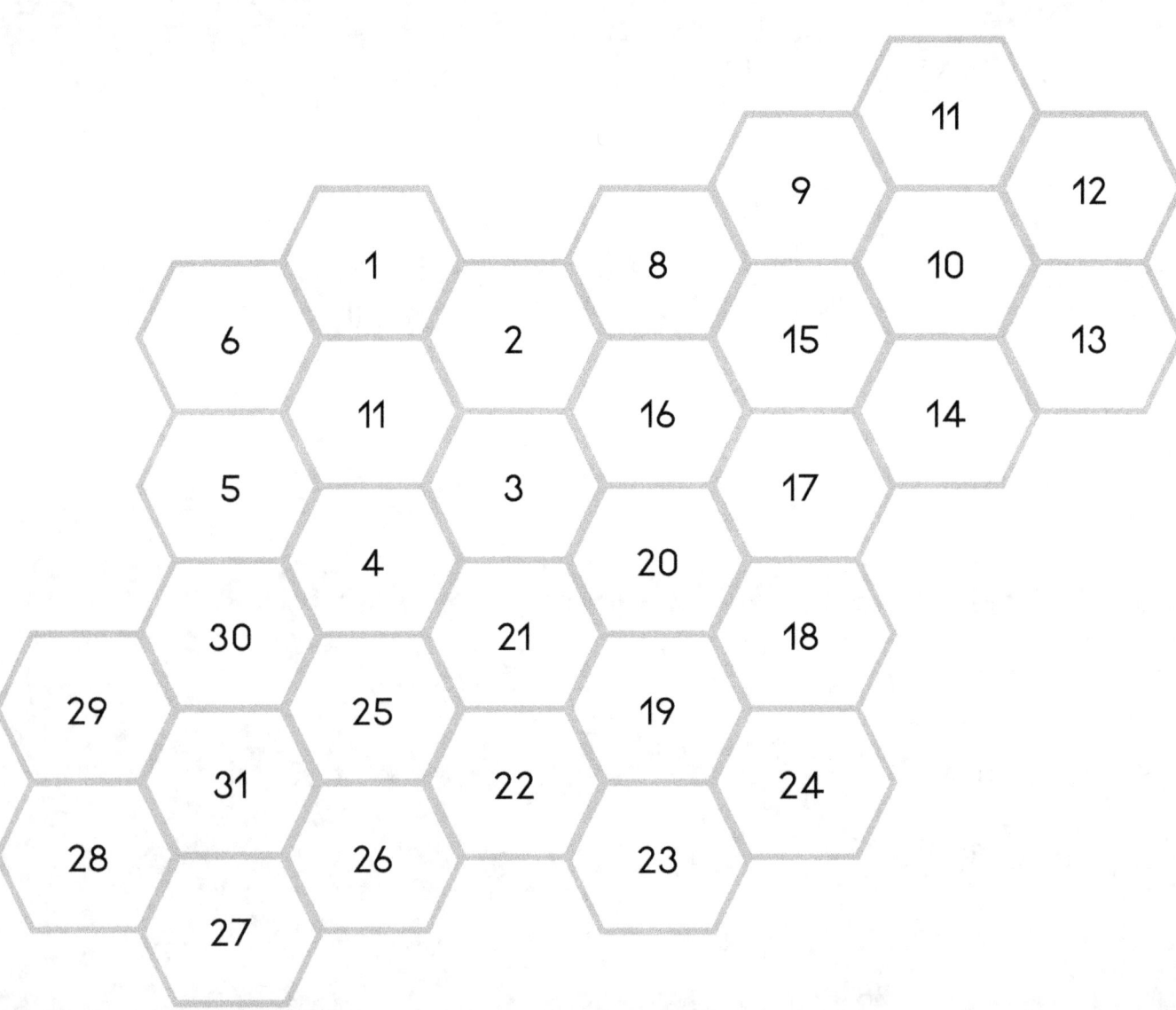

Level 10 LIFESTYLE

FAMILY & FRIENDS	PERSONAL GROWTH	CAREER/BUSINESS

CONTRIBUTION/GIVING	ROMANCE	FINANCES

ENVIRONMENT	SPIRITUALITY	HEALTH/FITNESS

FOCUS

| MONTH | JAN | FEB | MAR | APR | MAY | JUN | JUL | AUG | SEP | OCT | NOV | DEC |

TOP WORKOUT GOALS

FAVORITE WORKOUTS

NOTES

DATE	WORKOUT SUMMARY	TIME	✓
1.			○
2.			○
3.			○
4.			○
5.			○
6.			○
7.			○
8.			○
9.			○
10.			○
11.			○
12.			○
13.			○
14.			○
15.			○
16.			○
17.			○
18.			○
19.			○
20.			○
21.			○
22.			○
23.			○
24.			○
25.			○
26.			○
27.			○
28.			○
29.			○
30.			○
31.			○

GRATEFUL *Heart*

WHAT I AM MOST GRATEFUL FOR

PEOPLE

1.
2.
3.
4.
5.
6.
7.

PLACES

1.
2.
3.
4.
5.
6.
7.

MEMORIES

1.
2.
3.
4.
5.
6.
7.

PERSONAL MILESTONES

1.
2.
3.
4.
5.
6.
7.

WORK LIFE

1.
2.
3.
4.
5.
6.
7.

OTHER

1.
2.
3.
4.
5.
6.
7.

Gratitude LOG

MONTH : _____

DAY	TODAY I AM GRATEFUL FOR:
1	
2	
3	
4	
5	
6	
7	
8	
9	
10	
11	
12	
13	
14	
15	
16	
17	
18	
19	
20	
21	
22	
23	
24	
25	
26	
27	
28	
29	
30	
31	

SLEEP LOG

YEAR: MONTH:

DAY	HOURS SLEPT	NOTES
1	7 8 9 10 11 12 1 2 3 4 5 6 7 8 9 10 11 12 13	
2	7 8 9 10 11 12 1 2 3 4 5 6 7 8 9 10 11 12 13	
3	7 8 9 10 11 12 1 2 3 4 5 6 7 8 9 10 11 12 13	
4	7 8 9 10 11 12 1 2 3 4 5 6 7 8 9 10 11 12 13	
5	7 8 9 10 11 12 1 2 3 4 5 6 7 8 9 10 11 12 13	
6	7 8 9 10 11 12 1 2 3 4 5 6 7 8 9 10 11 12 13	
7	7 8 9 10 11 12 1 2 3 4 5 6 7 8 9 10 11 12 13	
8	7 8 9 10 11 12 1 2 3 4 5 6 7 8 9 10 11 12 13	
9	7 8 9 10 11 12 1 2 3 4 5 6 7 8 9 10 11 12 13	
10	7 8 9 10 11 12 1 2 3 4 5 6 7 8 9 10 11 12 13	
11	7 8 9 10 11 12 1 2 3 4 5 6 7 8 9 10 11 12 13	
12	7 8 9 10 11 12 1 2 3 4 5 6 7 8 9 10 11 12 13	
13	7 8 9 10 11 12 1 2 3 4 5 6 7 8 9 10 11 12 13	
14	7 8 9 10 11 12 1 2 3 4 5 6 7 8 9 10 11 12 13	
15	7 8 9 10 11 12 1 2 3 4 5 6 7 8 9 10 11 12 13	
16	7 8 9 10 11 12 1 2 3 4 5 6 7 8 9 10 11 12 13	
17	7 8 9 10 11 12 1 2 3 4 5 6 7 8 9 10 11 12 13	
18	7 8 9 10 11 12 1 2 3 4 5 6 7 8 9 10 11 12 13	
19	7 8 9 10 11 12 1 2 3 4 5 6 7 8 9 10 11 12 13	
20	7 8 9 10 11 12 1 2 3 4 5 6 7 8 9 10 11 12 13	
21	7 8 9 10 11 12 1 2 3 4 5 6 7 8 9 10 11 12 13	
22	7 8 9 10 11 12 1 2 3 4 5 6 7 8 9 10 11 12 13	
23	7 8 9 10 11 12 1 2 3 4 5 6 7 8 9 10 11 12 13	
24	7 8 9 10 11 12 1 2 3 4 5 6 7 8 9 10 11 12 13	
25	7 8 9 10 11 12 1 2 3 4 5 6 7 8 9 10 11 12 13	
26	7 8 9 10 11 12 1 2 3 4 5 6 7 8 9 10 11 12 13	
27	7 8 9 10 11 12 1 2 3 4 5 6 7 8 9 10 11 12 13	
28	7 8 9 10 11 12 1 2 3 4 5 6 7 8 9 10 11 12 13	
29	7 8 9 10 11 12 1 2 3 4 5 6 7 8 9 10 11 12 13	
30	7 8 9 10 11 12 1 2 3 4 5 6 7 8 9 10 11 12 13	
31	7 8 9 10 11 12 1 2 3 4 5 6 7 8 9 10 11 12 13	

Self Care Checklist
JULY 2020

MORNING ROUTINE

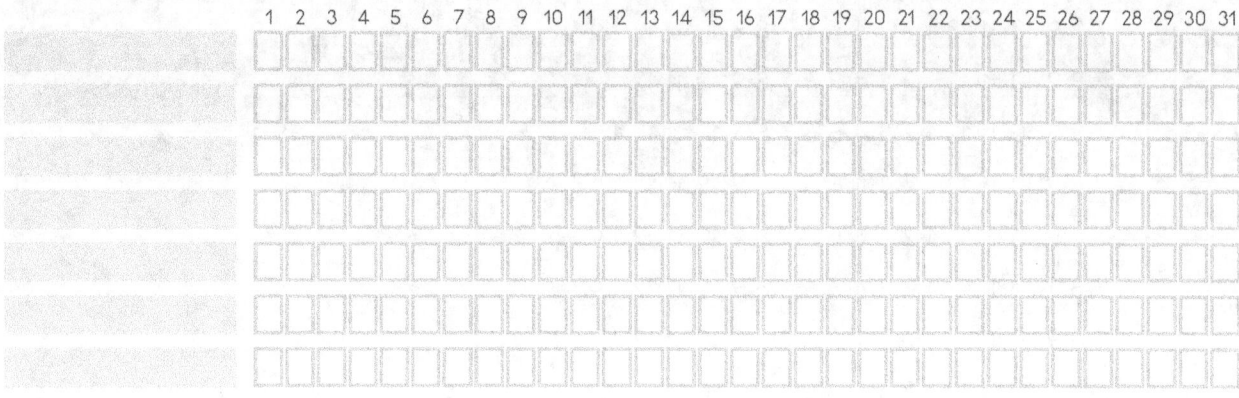

AFTERNOON ROUTINE

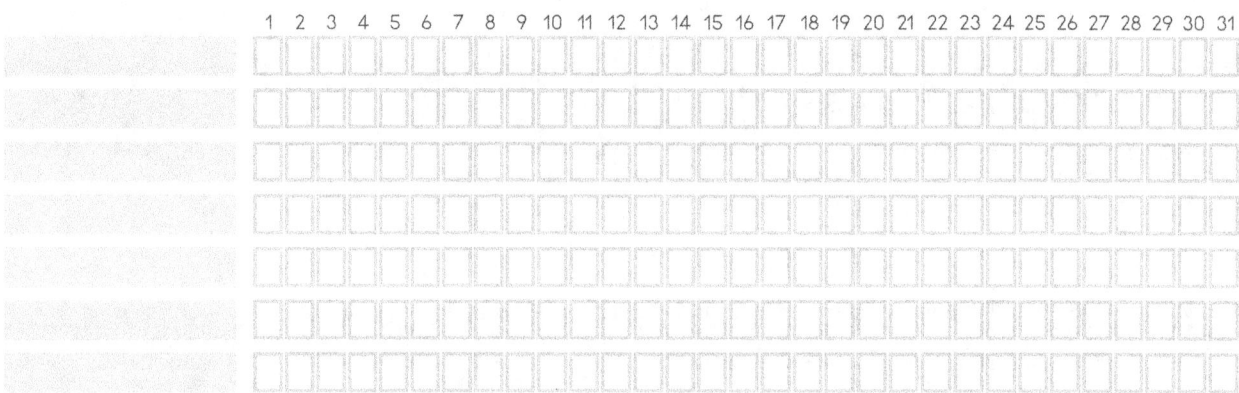

EVENING ROUTINE

MONTHLY REFLECTION

Monthly MOOD LOG

ASSIGNED COLOR CODES

HAPPY SAD TIRED

SICK STRESSED DEPRESSED

EXCITED ANGRY NERVOUS

ENERGETIC FOCUSED MOTIVATED

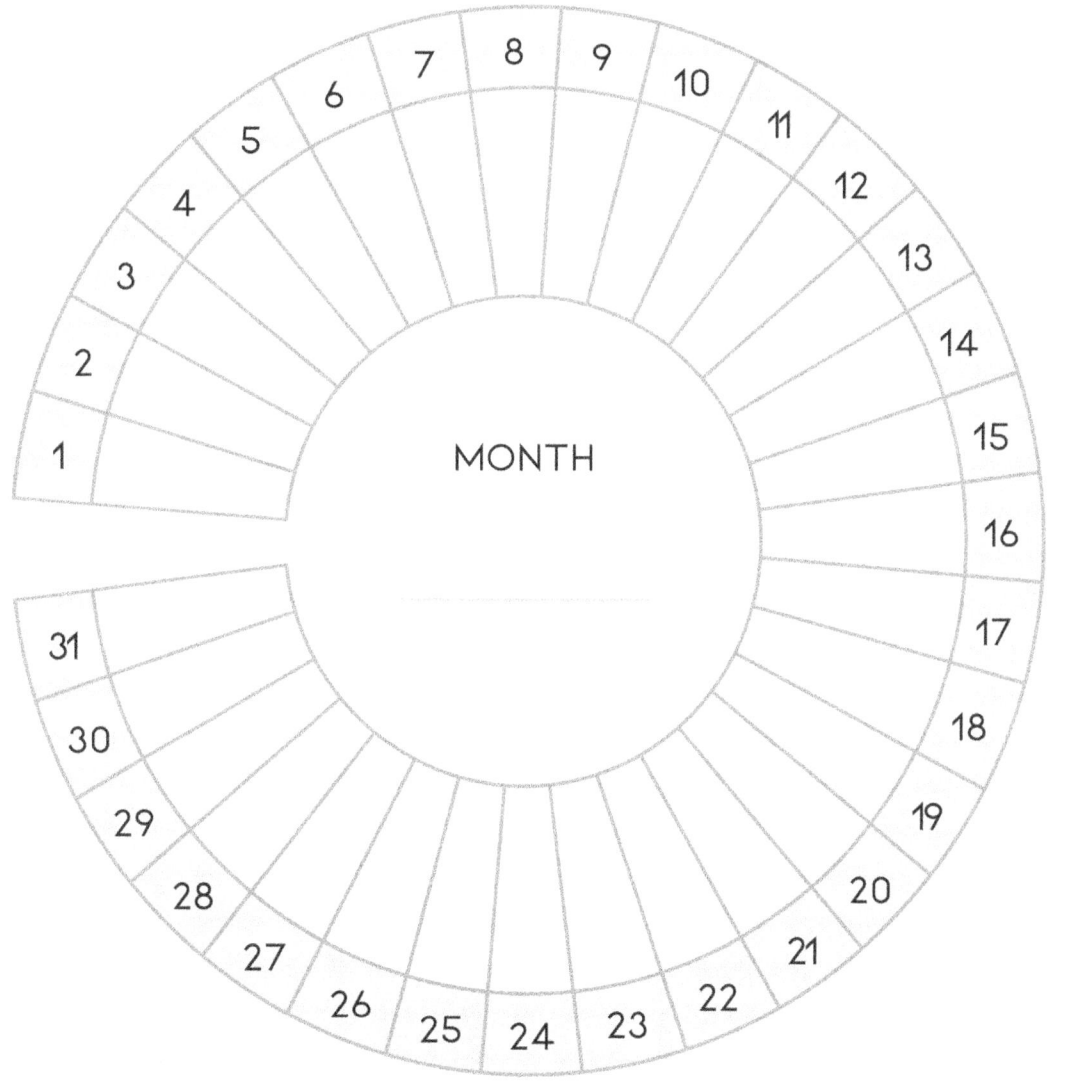

MONTH

Gratitude TRACKER

USE THE STEPPING BLOCKS BELOW TO FILL IN
THE DAYS WHERE YOU FELT GRATEFUL.

MONTH: _____

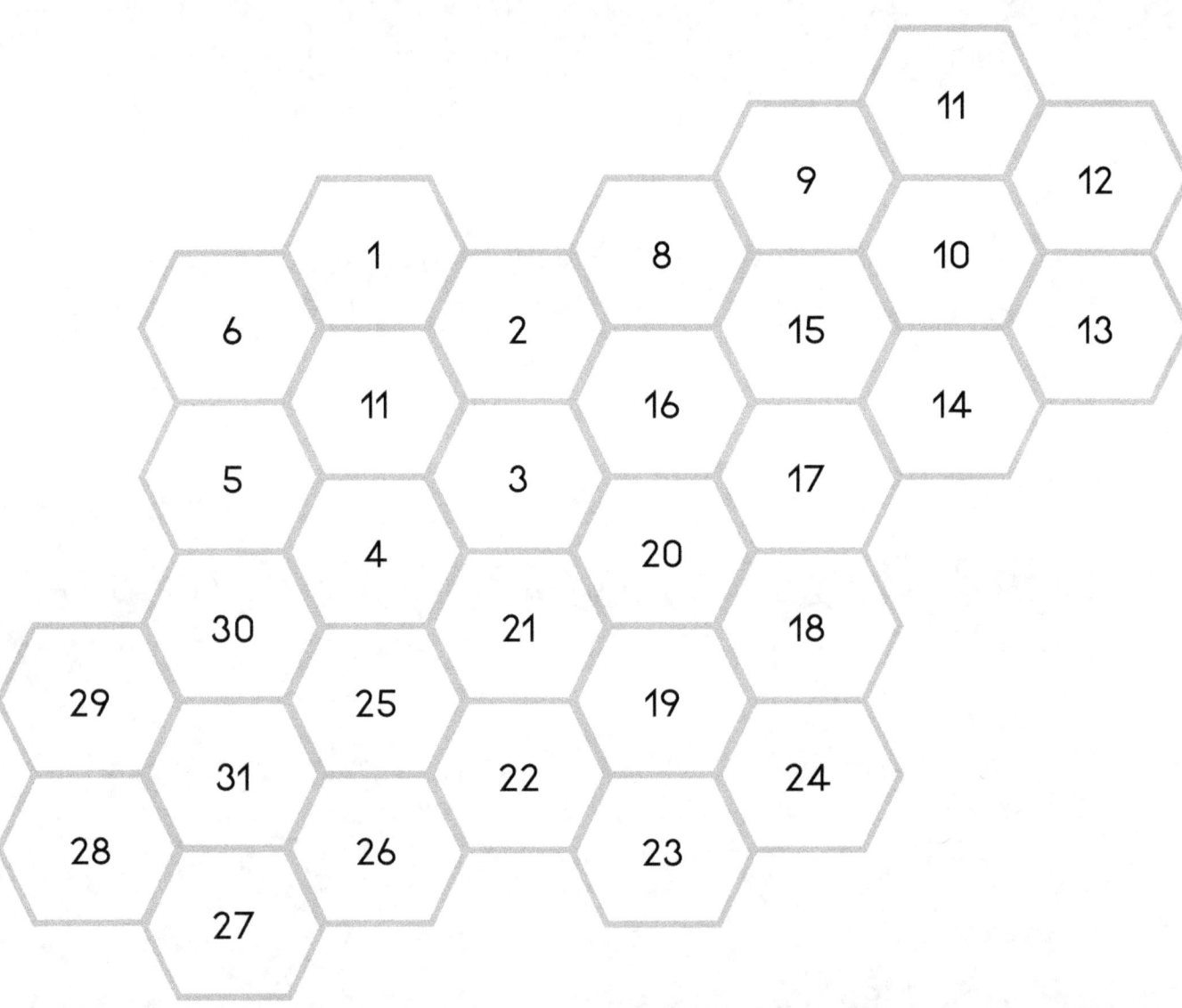

Level 10 LIFESTYLE

FAMILY & FRIENDS	PERSONAL GROWTH	CAREER/BUSINESS

CONTRIBUTION/GIVING	ROMANCE	FINANCES

ENVIRONMENT	SPIRITUALITY	HEALTH/FITNESS

Workouts
✦ 31 DAY PLANNER ✦

FOCUS

MONTH JAN FEB MAR APR MAY JUN JUL AUG SEP OCT NOV DEC

TOP WORKOUT GOALS

FAVORITE WORKOUTS

NOTES

DATE	WORKOUT SUMMARY	TIME	✓
1.			○
2.			○
3.			○
4.			○
5.			○
6.			○
7.			○
8.			○
9.			○
10.			○
11.			○
12.			○
13.			○
14.			○
15.			○
16.			○
17.			○
18.			○
19.			○
20.			○
21.			○
22.			○
23.			○
24.			○
25.			○
26.			○
27.			○
28.			○
29.			○
30.			○
31.			○

GRATEFUL *Heart*

WHAT I AM MOST GRATEFUL FOR

PEOPLE

1.
2.
3.
4.
5.
6.
7.

PLACES

1.
2.
3.
4.
5.
6.
7.

MEMORIES

1.
2.
3.
4.
5.
6.
7.

PERSONAL MILESTONES

1.
2.
3.
4.
5.
6.
7.

WORK LIFE

1.
2.
3.
4.
5.
6.
7.

OTHER

1.
2.
3.
4.
5.
6.
7.

Gratitude LOG

MONTH : _____

DAY	TODAY I AM GRATEFUL FOR:
1	
2	
3	
4	
5	
6	
7	
8	
9	
10	
11	
12	
13	
14	
15	
16	
17	
18	
19	
20	
21	
22	
23	
24	
25	
26	
27	
28	
29	
30	
31	

SLEEP LOG

YEAR:　　　　　　　　MONTH:

DAY	HOURS SLEPT	NOTES
1	7 8 9 10 11 12 1 2 3 4 5 6 7 8 9 10 11 12 13	
2	7 8 9 10 11 12 1 2 3 4 5 6 7 8 9 10 11 12 13	
3	7 8 9 10 11 12 1 2 3 4 5 6 7 8 9 10 11 12 13	
4	7 8 9 10 11 12 1 2 3 4 5 6 7 8 9 10 11 12 13	
5	7 8 9 10 11 12 1 2 3 4 5 6 7 8 9 10 11 12 13	
6	7 8 9 10 11 12 1 2 3 4 5 6 7 8 9 10 11 12 13	
7	7 8 9 10 11 12 1 2 3 4 5 6 7 8 9 10 11 12 13	
8	7 8 9 10 11 12 1 2 3 4 5 6 7 8 9 10 11 12 13	
9	7 8 9 10 11 12 1 2 3 4 5 6 7 8 9 10 11 12 13	
10	7 8 9 10 11 12 1 2 3 4 5 6 7 8 9 10 11 12 13	
11	7 8 9 10 11 12 1 2 3 4 5 6 7 8 9 10 11 12 13	
12	7 8 9 10 11 12 1 2 3 4 5 6 7 8 9 10 11 12 13	
13	7 8 9 10 11 12 1 2 3 4 5 6 7 8 9 10 11 12 13	
14	7 8 9 10 11 12 1 2 3 4 5 6 7 8 9 10 11 12 13	
15	7 8 9 10 11 12 1 2 3 4 5 6 7 8 9 10 11 12 13	
16	7 8 9 10 11 12 1 2 3 4 5 6 7 8 9 10 11 12 13	
17	7 8 9 10 11 12 1 2 3 4 5 6 7 8 9 10 11 12 13	
18	7 8 9 10 11 12 1 2 3 4 5 6 7 8 9 10 11 12 13	
19	7 8 9 10 11 12 1 2 3 4 5 6 7 8 9 10 11 12 13	
20	7 8 9 10 11 12 1 2 3 4 5 6 7 8 9 10 11 12 13	
21	7 8 9 10 11 12 1 2 3 4 5 6 7 8 9 10 11 12 13	
22	7 8 9 10 11 12 1 2 3 4 5 6 7 8 9 10 11 12 13	
23	7 8 9 10 11 12 1 2 3 4 5 6 7 8 9 10 11 12 13	
24	7 8 9 10 11 12 1 2 3 4 5 6 7 8 9 10 11 12 13	
25	7 8 9 10 11 12 1 2 3 4 5 6 7 8 9 10 11 12 13	
26	7 8 9 10 11 12 1 2 3 4 5 6 7 8 9 10 11 12 13	
27	7 8 9 10 11 12 1 2 3 4 5 6 7 8 9 10 11 12 13	
28	7 8 9 10 11 12 1 2 3 4 5 6 7 8 9 10 11 12 13	
29	7 8 9 10 11 12 1 2 3 4 5 6 7 8 9 10 11 12 13	
30	7 8 9 10 11 12 1 2 3 4 5 6 7 8 9 10 11 12 13	
31	7 8 9 10 11 12 1 2 3 4 5 6 7 8 9 10 11 12 13	

Self Care CHECKLIST

AUGUST 2020

MORNING ROUTINE

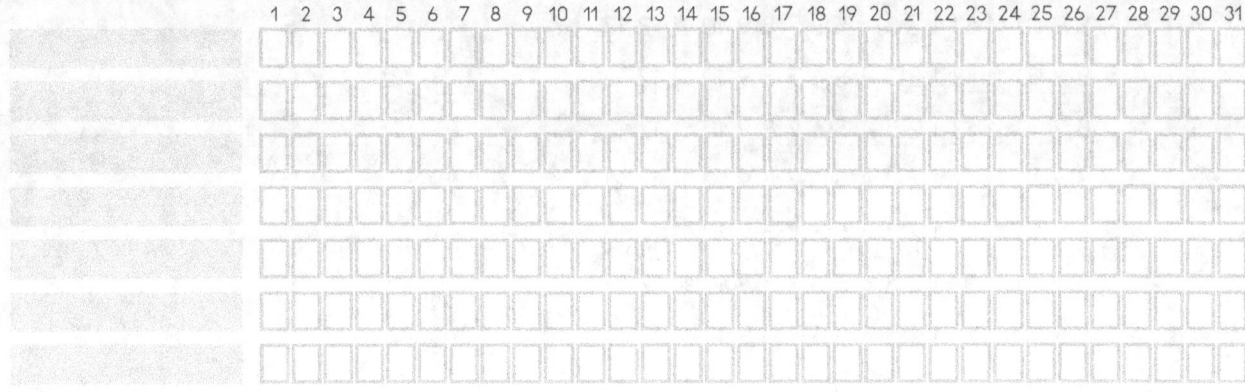

AFTERNOON ROUTINE

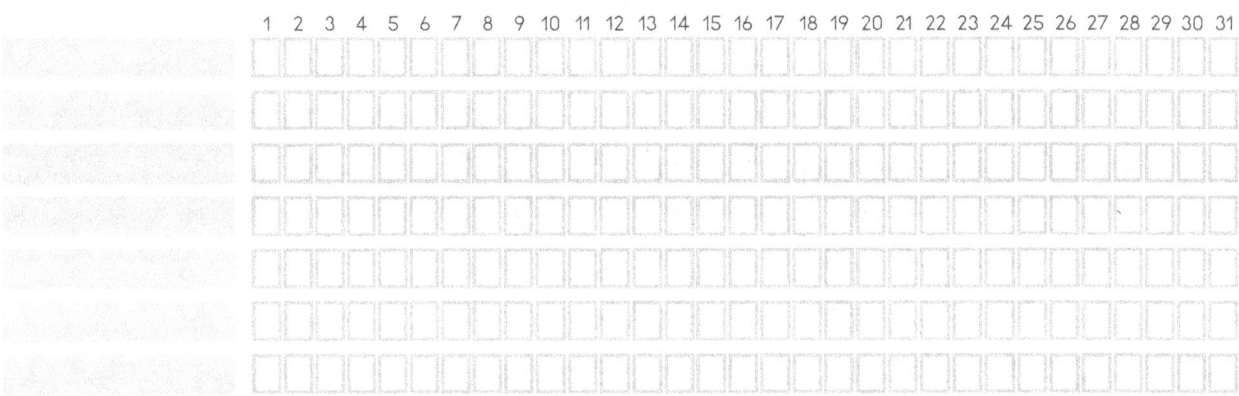

EVENING ROUTINE

MONTHLY REFLECTION

Monthly MOOD LOG

ASSIGNED COLOR CODES

HAPPY SAD TIRED

SICK STRESSED DEPRESSED

EXCITED ANGRY NERVOUS

ENERGETIC FOCUSED MOTIVATED

MONTH

Gratitude TRACKER

USE THE STEPPING BLOCKS BELOW TO FILL IN
THE DAYS WHERE YOU FELT GRATEFUL.

MONTH: _____

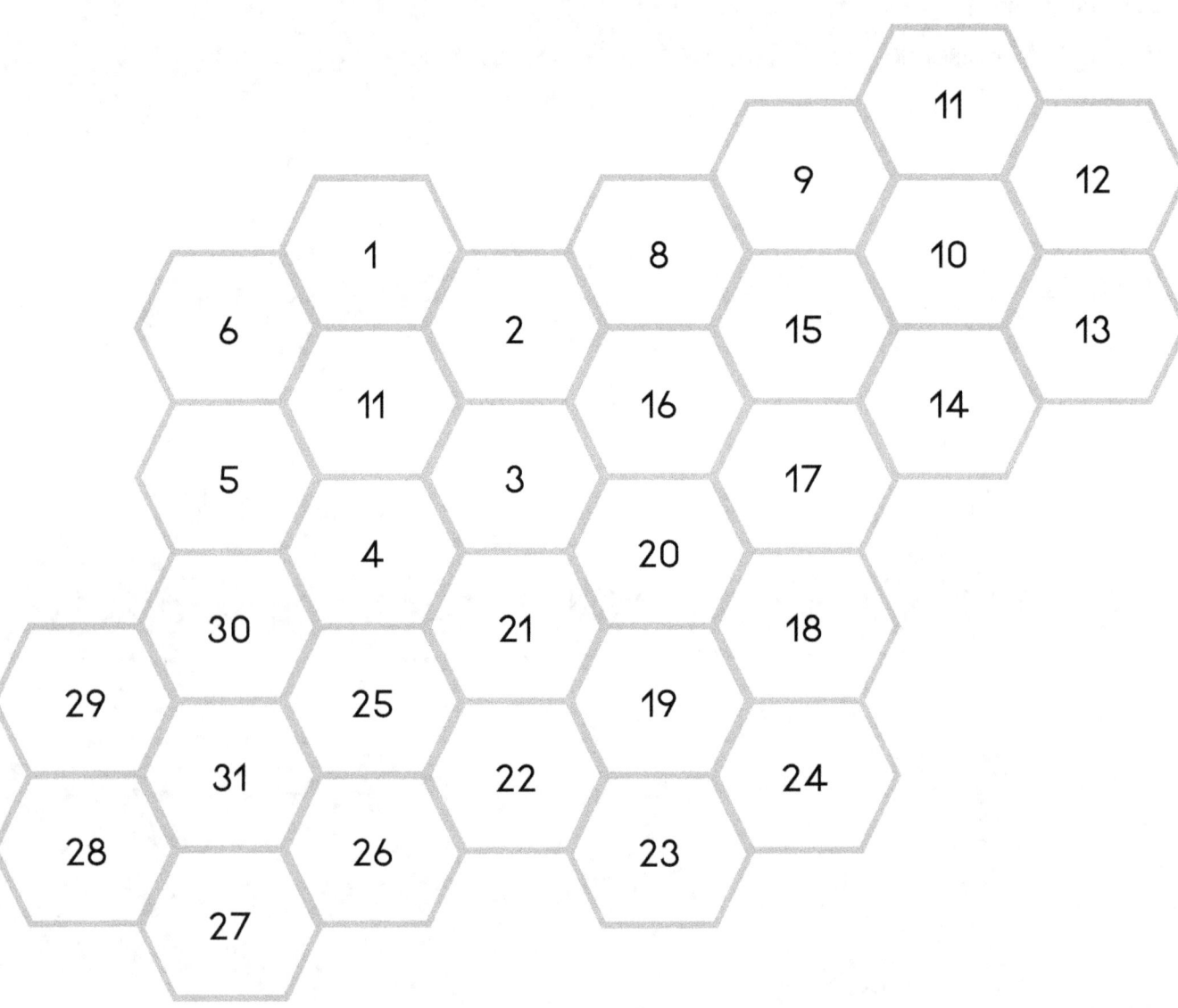

Level 10 LIFESTYLE

FAMILY & FRIENDS	PERSONAL GROWTH	CAREER/BUSINESS

CONTRIBUTION/GIVING	ROMANCE	FINANCES

ENVIRONMENT	SPIRITUALITY	HEALTH/FITNESS

Workouts
31 DAY PLANNER

FOCUS

| MONTH | JAN | FEB | MAR | APR | MAY | JUN | JUL | AUG | SEP | OCT | NOV | DEC |

TOP WORKOUT GOALS

FAVORITE WORKOUTS

NOTES

DATE	WORKOUT SUMMARY	TIME	✓
1.			○
2.			○
3.			○
4.			○
5.			○
6.			○
7.			○
8.			○
9.			○
10.			○
11.			○
12.			○
13.			○
14.			○
15.			○
16.			○
17.			○
18.			○
19.			○
20.			○
21.			○
22.			○
23.			○
24.			○
25.			○
26.			○
27.			○
28.			○
29.			○
30.			○
31.			○

GRATEFUL *Heart*

WHAT I AM MOST GRATEFUL FOR

PEOPLE

1
2
3
4
5
6
7

PLACES

1
2
3
4
5
6
7

MEMORIES

1
2
3
4
5
6
7

PERSONAL MILESTONES

1
2
3
4
5
6
7

WORK LIFE

1
2
3
4
5
6
7

OTHER

1
2
3
4
5
6
7

Gratitude LOG

MONTH : _____

DAY	TODAY I AM GRATEFUL FOR:
1	
2	
3	
4	
5	
6	
7	
8	
9	
10	
11	
12	
13	
14	
15	
16	
17	
18	
19	
20	
21	
22	
23	
24	
25	
26	
27	
28	
29	
30	
31	

SLEEP LOG

YEAR: MONTH:

DAY	HOURS SLEPT	NOTES
1	7 8 9 10 11 12 1 2 3 4 5 6 7 8 9 10 11 12 13	
2	7 8 9 10 11 12 1 2 3 4 5 6 7 8 9 10 11 12 13	
3	7 8 9 10 11 12 1 2 3 4 5 6 7 8 9 10 11 12 13	
4	7 8 9 10 11 12 1 2 3 4 5 6 7 8 9 10 11 12 13	
5	7 8 9 10 11 12 1 2 3 4 5 6 7 8 9 10 11 12 13	
6	7 8 9 10 11 12 1 2 3 4 5 6 7 8 9 10 11 12 13	
7	7 8 9 10 11 12 1 2 3 4 5 6 7 8 9 10 11 12 13	
8	7 8 9 10 11 12 1 2 3 4 5 6 7 8 9 10 11 12 13	
9	7 8 9 10 11 12 1 2 3 4 5 6 7 8 9 10 11 12 13	
10	7 8 9 10 11 12 1 2 3 4 5 6 7 8 9 10 11 12 13	
11	7 8 9 10 11 12 1 2 3 4 5 6 7 8 9 10 11 12 13	
12	7 8 9 10 11 12 1 2 3 4 5 6 7 8 9 10 11 12 13	
13	7 8 9 10 11 12 1 2 3 4 5 6 7 8 9 10 11 12 13	
14	7 8 9 10 11 12 1 2 3 4 5 6 7 8 9 10 11 12 13	
15	7 8 9 10 11 12 1 2 3 4 5 6 7 8 9 10 11 12 13	
16	7 8 9 10 11 12 1 2 3 4 5 6 7 8 9 10 11 12 13	
17	7 8 9 10 11 12 1 2 3 4 5 6 7 8 9 10 11 12 13	
18	7 8 9 10 11 12 1 2 3 4 5 6 7 8 9 10 11 12 13	
19	7 8 9 10 11 12 1 2 3 4 5 6 7 8 9 10 11 12 13	
20	7 8 9 10 11 12 1 2 3 4 5 6 7 8 9 10 11 12 13	
21	7 8 9 10 11 12 1 2 3 4 5 6 7 8 9 10 11 12 13	
22	7 8 9 10 11 12 1 2 3 4 5 6 7 8 9 10 11 12 13	
23	7 8 9 10 11 12 1 2 3 4 5 6 7 8 9 10 11 12 13	
24	7 8 9 10 11 12 1 2 3 4 5 6 7 8 9 10 11 12 13	
25	7 8 9 10 11 12 1 2 3 4 5 6 7 8 9 10 11 12 13	
26	7 8 9 10 11 12 1 2 3 4 5 6 7 8 9 10 11 12 13	
27	7 8 9 10 11 12 1 2 3 4 5 6 7 8 9 10 11 12 13	
28	7 8 9 10 11 12 1 2 3 4 5 6 7 8 9 10 11 12 13	
29	7 8 9 10 11 12 1 2 3 4 5 6 7 8 9 10 11 12 13	
30	7 8 9 10 11 12 1 2 3 4 5 6 7 8 9 10 11 12 13	
31	7 8 9 10 11 12 1 2 3 4 5 6 7 8 9 10 11 12 13	

Self Care CHECKLIST

SEPTEMBER 2020

MORNING ROUTINE

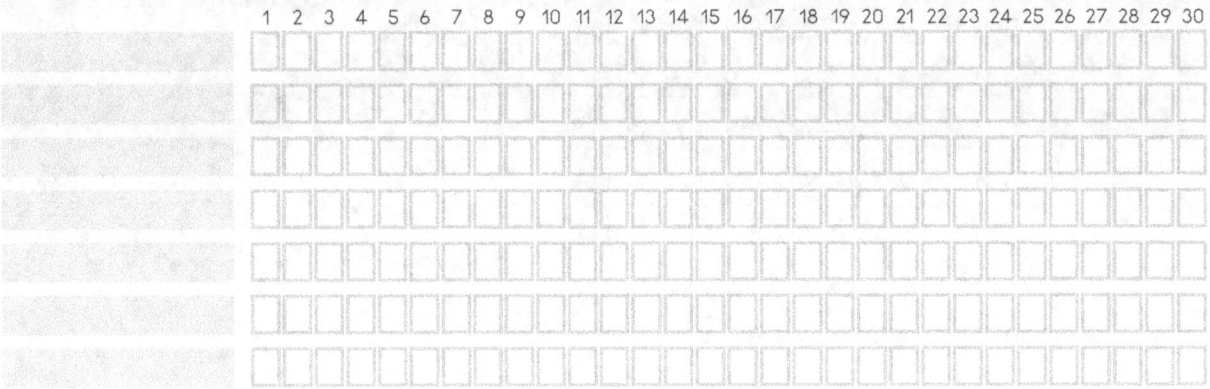

AFTERNOON ROUTINE

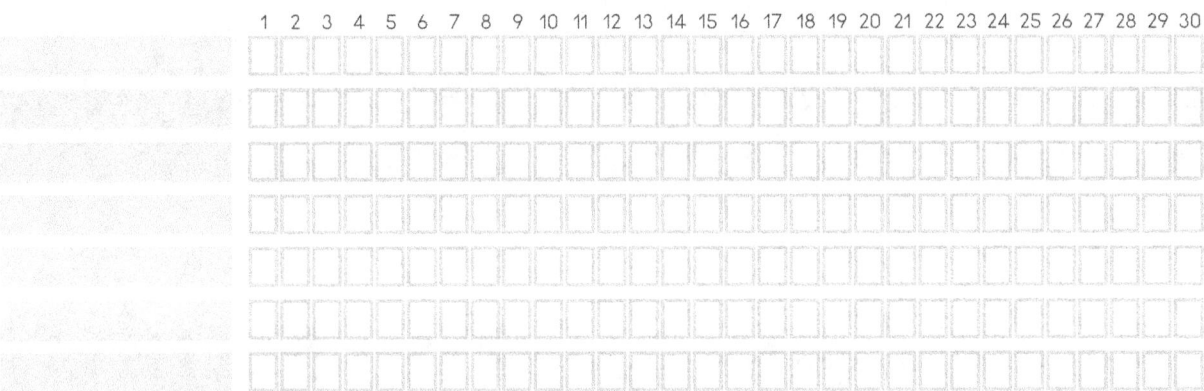

EVENING ROUTINE

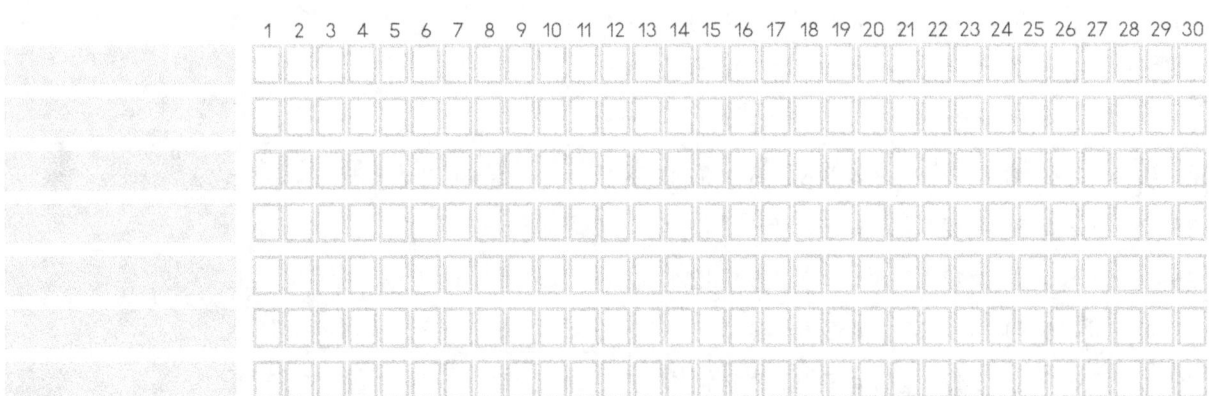

MONTHLY REFLECTION

Monthly MOOD LOG

ASSIGNED COLOR CODES

HAPPY   SAD   TIRED

SICK   STRESSED   DEPRESSED

EXCITED   ANGRY   NERVOUS

ENERGETIC   FOCUSED   MOTIVATED

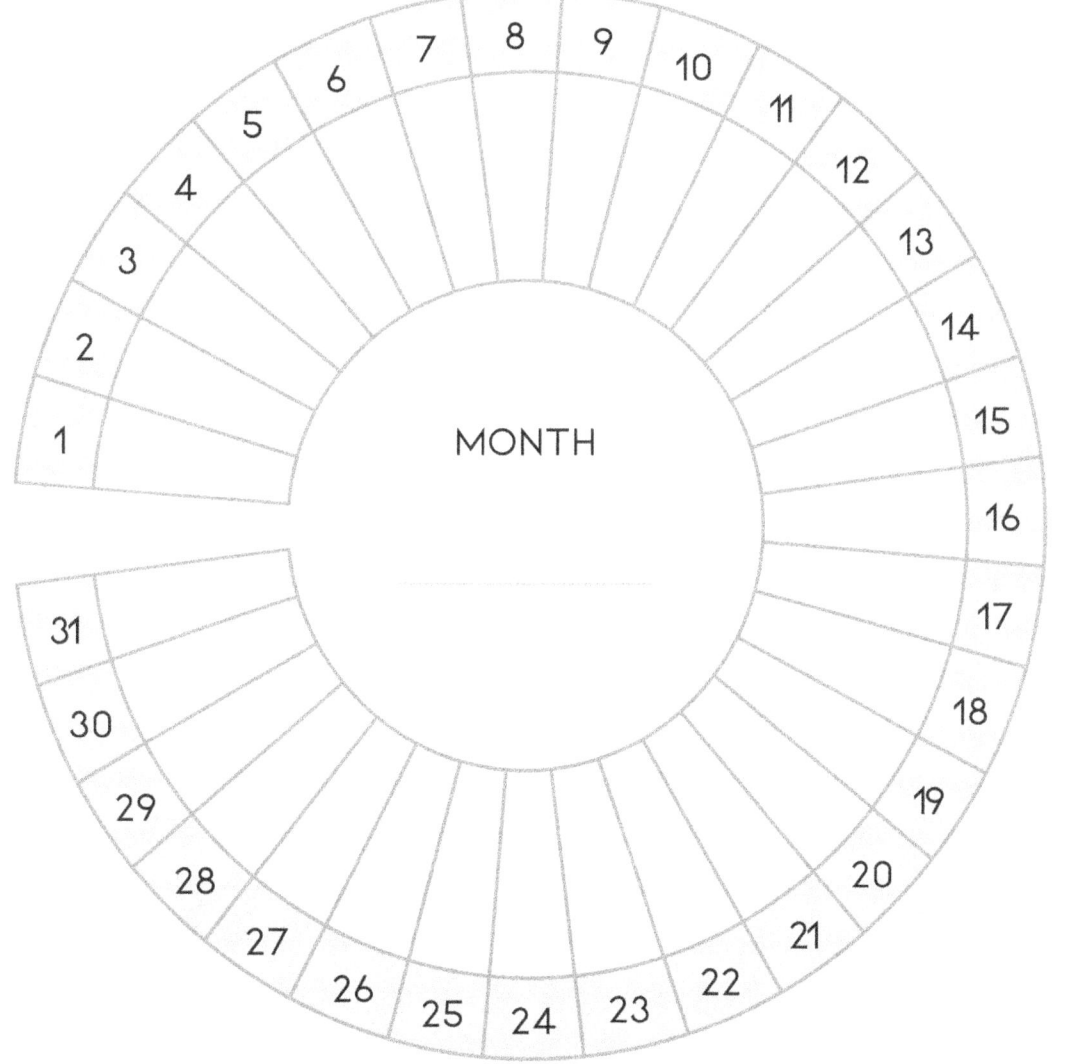

MONTH

Gratitude TRACKER

USE THE STEPPING BLOCKS BELOW TO FILL IN
THE DAYS WHERE YOU FELT GRATEFUL.

MONTH: _____

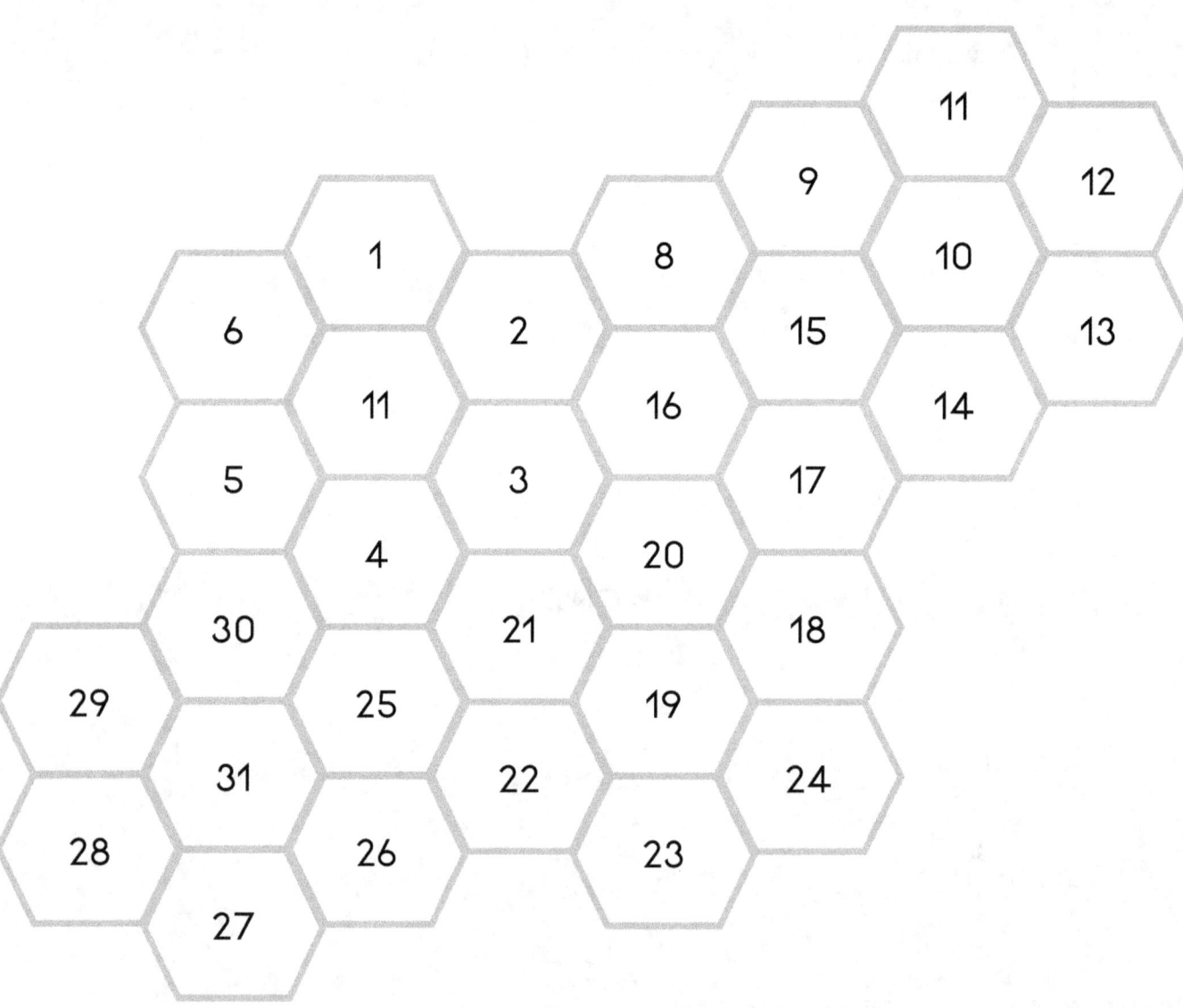

Level 10 LIFESTYLE

| FAMILY & FRIENDS | PERSONAL GROWTH | CAREER/BUSINESS |

| CONTRIBUTION/GIVING | ROMANCE | FINANCES |

| ENVIRONMENT | SPIRITUALITY | HEALTH/FITNESS |

31 DAY PLANNER

FOCUS

MONTH | JAN | FEB | MAR | APR | MAY | JUN | JUL | AUG | SEP | OCT | NOV | DEC

TOP WORKOUT GOALS

DATE	WORKOUT SUMMARY	TIME	✓
1.			○
2.			○
3.			○
4.			○
5.			○
6.			○
7.			○
8.			○
9.			○
10.			○
11.			○
12.			○
13.			○
14.			○
15.			○
16.			○
17.			○
18.			○
19.			○
20.			○
21.			○
22.			○
23.			○
24.			○
25.			○
26.			○
27.			○
28.			○
29.			○
30.			○
31.			○

FAVORITE WORKOUTS

NOTES

GRATEFUL *Heart*

WHAT I AM MOST GRATEFUL FOR

PEOPLE

1.
2.
3.
4.
5.
6.
7.

PLACES

1.
2.
3.
4.
5.
6.
7.

MEMORIES

1.
2.
3.
4.
5.
6.
7.

PERSONAL MILESTONES

1.
2.
3.
4.
5.
6.
7.

WORK LIFE

1.
2.
3.
4.
5.
6.
7.

OTHER

1.
2.
3.
4.
5.
6.
7.

Gratitude LOG

MONTH : _____

DAY	TODAY I AM GRATEFUL FOR:
1	
2	
3	
4	
5	
6	
7	
8	
9	
10	
11	
12	
13	
14	
15	
16	
17	
18	
19	
20	
21	
22	
23	
24	
25	
26	
27	
28	
29	
30	
31	

SLEEP LOG

YEAR: MONTH:

DAY	HOURS SLEPT	NOTES
1	7 8 9 10 11 12 1 2 3 4 5 6 7 8 9 10 11 12 13	
2	7 8 9 10 11 12 1 2 3 4 5 6 7 8 9 10 11 12 13	
3	7 8 9 10 11 12 1 2 3 4 5 6 7 8 9 10 11 12 13	
4	7 8 9 10 11 12 1 2 3 4 5 6 7 8 9 10 11 12 13	
5	7 8 9 10 11 12 1 2 3 4 5 6 7 8 9 10 11 12 13	
6	7 8 9 10 11 12 1 2 3 4 5 6 7 8 9 10 11 12 13	
7	7 8 9 10 11 12 1 2 3 4 5 6 7 8 9 10 11 12 13	
8	7 8 9 10 11 12 1 2 3 4 5 6 7 8 9 10 11 12 13	
9	7 8 9 10 11 12 1 2 3 4 5 6 7 8 9 10 11 12 13	
10	7 8 9 10 11 12 1 2 3 4 5 6 7 8 9 10 11 12 13	
11	7 8 9 10 11 12 1 2 3 4 5 6 7 8 9 10 11 12 13	
12	7 8 9 10 11 12 1 2 3 4 5 6 7 8 9 10 11 12 13	
13	7 8 9 10 11 12 1 2 3 4 5 6 7 8 9 10 11 12 13	
14	7 8 9 10 11 12 1 2 3 4 5 6 7 8 9 10 11 12 13	
15	7 8 9 10 11 12 1 2 3 4 5 6 7 8 9 10 11 12 13	
16	7 8 9 10 11 12 1 2 3 4 5 6 7 8 9 10 11 12 13	
17	7 8 9 10 11 12 1 2 3 4 5 6 7 8 9 10 11 12 13	
18	7 8 9 10 11 12 1 2 3 4 5 6 7 8 9 10 11 12 13	
19	7 8 9 10 11 12 1 2 3 4 5 6 7 8 9 10 11 12 13	
20	7 8 9 10 11 12 1 2 3 4 5 6 7 8 9 10 11 12 13	
21	7 8 9 10 11 12 1 2 3 4 5 6 7 8 9 10 11 12 13	
22	7 8 9 10 11 12 1 2 3 4 5 6 7 8 9 10 11 12 13	
23	7 8 9 10 11 12 1 2 3 4 5 6 7 8 9 10 11 12 13	
24	7 8 9 10 11 12 1 2 3 4 5 6 7 8 9 10 11 12 13	
25	7 8 9 10 11 12 1 2 3 4 5 6 7 8 9 10 11 12 13	
26	7 8 9 10 11 12 1 2 3 4 5 6 7 8 9 10 11 12 13	
27	7 8 9 10 11 12 1 2 3 4 5 6 7 8 9 10 11 12 13	
28	7 8 9 10 11 12 1 2 3 4 5 6 7 8 9 10 11 12 13	
29	7 8 9 10 11 12 1 2 3 4 5 6 7 8 9 10 11 12 13	
30	7 8 9 10 11 12 1 2 3 4 5 6 7 8 9 10 11 12 13	
31	7 8 9 10 11 12 1 2 3 4 5 6 7 8 9 10 11 12 13	

Self Care Goals

TIME FRAME	MY GOALS	STEPS I'LL TAKE

be wild ~ be true ~ be happy

Self Care Checklist
OCTOBER 2020

MORNING ROUTINE

1 2 3 4 5 6 7 8 9 10 11 12 13 14 15 16 17 18 19 20 21 22 23 24 25 26 27 28 29 30 31

AFTERNOON ROUTINE

1 2 3 4 5 6 7 8 9 10 11 12 13 14 15 16 17 18 19 20 21 22 23 24 25 26 27 28 29 30 31

EVENING ROUTINE

1 2 3 4 5 6 7 8 9 10 11 12 13 14 15 16 17 18 19 20 21 22 23 24 25 26 27 28 29 30 31

MONTHLY REFLECTION

Monthly MOOD LOG

ASSIGNED COLOR CODES

HAPPY   SAD   TIRED

SICK   STRESSED   DEPRESSED

EXCITED   ANGRY   NERVOUS

ENERGETIC   FOCUSED   MOTIVATED

MONTH

Gratitude TRACKER

USE THE STEPPING BLOCKS BELOW TO FILL IN
THE DAYS WHERE YOU FELT GRATEFUL.

MONTH:

Level 10 LIFESTYLE

FAMILY & FRIENDS	PERSONAL GROWTH	CAREER/BUSINESS

CONTRIBUTION/GIVING	ROMANCE	FINANCES

ENVIRONMENT	SPIRITUALITY	HEALTH/FITNESS

Workouts
✦ 31 DAY PLANNER ✦

FOCUS

| MONTH | JAN | FEB | MAR | APR | MAY | JUN | JUL | AUG | SEP | OCT | NOV | DEC |

TOP WORKOUT GOALS

FAVORITE WORKOUTS

NOTES

DATE	WORKOUT SUMMARY	TIME	✓
1.			
2.			
3.			
4.			
5.			
6.			
7.			
8.			
9.			
10.			
11.			
12.			
13.			
14.			
15.			
16.			
17.			
18.			
19.			
20.			
21.			
22.			
23.			
24.			
25.			
26.			
27.			
28.			
29.			
30.			
31.			

GRATEFUL *Heart*

WHAT I AM MOST GRATEFUL FOR

PEOPLE

1. _____
2. _____
3. _____
4. _____
5. _____
6. _____
7. _____

PLACES

1. _____
2. _____
3. _____
4. _____
5. _____
6. _____
7. _____

MEMORIES

1. _____
2. _____
3. _____
4. _____
5. _____
6. _____
7. _____

PERSONAL MILESTONES

1. _____
2. _____
3. _____
4. _____
5. _____
6. _____
7. _____

WORK LIFE

1. _____
2. _____
3. _____
4. _____
5. _____
6. _____
7. _____

OTHER

1. _____
2. _____
3. _____
4. _____
5. _____
6. _____
7. _____

Gratitude LOG

MONTH : _____

DAY	TODAY I AM GRATEFUL FOR:
1	
2	
3	
4	
5	
6	
7	
8	
9	
10	
11	
12	
13	
14	
15	
16	
17	
18	
19	
20	
21	
22	
23	
24	
25	
26	
27	
28	
29	
30	
31	

SLEEP LOG

YEAR: MONTH:

DAY	HOURS SLEPT	NOTES
1	7 8 9 10 11 12 1 2 3 4 5 6 7 8 9 10 11 12 13	
2	7 8 9 10 11 12 1 2 3 4 5 6 7 8 9 10 11 12 13	
3	7 8 9 10 11 12 1 2 3 4 5 6 7 8 9 10 11 12 13	
4	7 8 9 10 11 12 1 2 3 4 5 6 7 8 9 10 11 12 13	
5	7 8 9 10 11 12 1 2 3 4 5 6 7 8 9 10 11 12 13	
6	7 8 9 10 11 12 1 2 3 4 5 6 7 8 9 10 11 12 13	
7	7 8 9 10 11 12 1 2 3 4 5 6 7 8 9 10 11 12 13	
8	7 8 9 10 11 12 1 2 3 4 5 6 7 8 9 10 11 12 13	
9	7 8 9 10 11 12 1 2 3 4 5 6 7 8 9 10 11 12 13	
10	7 8 9 10 11 12 1 2 3 4 5 6 7 8 9 10 11 12 13	
11	7 8 9 10 11 12 1 2 3 4 5 6 7 8 9 10 11 12 13	
12	7 8 9 10 11 12 1 2 3 4 5 6 7 8 9 10 11 12 13	
13	7 8 9 10 11 12 1 2 3 4 5 6 7 8 9 10 11 12 13	
14	7 8 9 10 11 12 1 2 3 4 5 6 7 8 9 10 11 12 13	
15	7 8 9 10 11 12 1 2 3 4 5 6 7 8 9 10 11 12 13	
16	7 8 9 10 11 12 1 2 3 4 5 6 7 8 9 10 11 12 13	
17	7 8 9 10 11 12 1 2 3 4 5 6 7 8 9 10 11 12 13	
18	7 8 9 10 11 12 1 2 3 4 5 6 7 8 9 10 11 12 13	
19	7 8 9 10 11 12 1 2 3 4 5 6 7 8 9 10 11 12 13	
20	7 8 9 10 11 12 1 2 3 4 5 6 7 8 9 10 11 12 13	
21	7 8 9 10 11 12 1 2 3 4 5 6 7 8 9 10 11 12 13	
22	7 8 9 10 11 12 1 2 3 4 5 6 7 8 9 10 11 12 13	
23	7 8 9 10 11 12 1 2 3 4 5 6 7 8 9 10 11 12 13	
24	7 8 9 10 11 12 1 2 3 4 5 6 7 8 9 10 11 12 13	
25	7 8 9 10 11 12 1 2 3 4 5 6 7 8 9 10 11 12 13	
26	7 8 9 10 11 12 1 2 3 4 5 6 7 8 9 10 11 12 13	
27	7 8 9 10 11 12 1 2 3 4 5 6 7 8 9 10 11 12 13	
28	7 8 9 10 11 12 1 2 3 4 5 6 7 8 9 10 11 12 13	
29	7 8 9 10 11 12 1 2 3 4 5 6 7 8 9 10 11 12 13	
30	7 8 9 10 11 12 1 2 3 4 5 6 7 8 9 10 11 12 13	
31	7 8 9 10 11 12 1 2 3 4 5 6 7 8 9 10 11 12 13	

Self Care CHECKLIST
NOVEMBER 2020

MORNING ROUTINE

1 2 3 4 5 6 7 8 9 10 11 12 13 14 15 16 17 18 19 20 21 22 23 24 25 26 27 28 29 30

AFTERNOON ROUTINE

1 2 3 4 5 6 7 8 9 10 11 12 13 14 15 16 17 18 19 20 21 22 23 24 25 26 27 28 29 30

EVENING ROUTINE

1 2 3 4 5 6 7 8 9 10 11 12 13 14 15 16 17 18 19 20 21 22 23 24 25 26 27 28 29 30

MONTHLY REFLECTION

Monthly MOOD LOG

ASSIGNED COLOR CODES

HAPPY SAD TIRED

SICK STRESSED DEPRESSED

EXCITED ANGRY NERVOUS

ENERGETIC FOCUSED MOTIVATED

MONTH

Gratitude TRACKER

USE THE STEPPING BLOCKS BELOW TO FILL IN
THE DAYS WHERE YOU FELT GRATEFUL.

MONTH:

Level 10 LIFESTYLE

FAMILY & FRIENDS	PERSONAL GROWTH	CAREER/BUSINESS

CONTRIBUTION/GIVING	ROMANCE	FINANCES

ENVIRONMENT	SPIRITUALITY	HEALTH/FITNESS

31 DAY PLANNER

FOCUS

MONTH	JAN	FEB	MAR	APR	MAY	JUN	JUL	AUG	SEP	OCT	NOV	DEC

TOP WORKOUT GOALS

DATE	WORKOUT SUMMARY	TIME	✓
1.			
2.			
3.			
4.			
5.			
6.			
7.			
8.			
9.			
10.			
11.			
12.			
13.			
14.			
15.			
16.			
17.			
18.			
19.			
20.			
21.			
22.			
23.			
24.			
25.			
26.			
27.			
28.			
29.			
30.			
31.			

FAVORITE WORKOUTS

NOTES

GRATEFUL *Heart*

WHAT I AM MOST GRATEFUL FOR

PEOPLE

1. _____
2. _____
3. _____
4. _____
5. _____
6. _____
7. _____

PLACES

1. _____
2. _____
3. _____
4. _____
5. _____
6. _____
7. _____

MEMORIES

1. _____
2. _____
3. _____
4. _____
5. _____
6. _____
7. _____

PERSONAL MILESTONES

1. _____
2. _____
3. _____
4. _____
5. _____
6. _____
7. _____

WORK LIFE

1. _____
2. _____
3. _____
4. _____
5. _____
6. _____
7. _____

OTHER

1. _____
2. _____
3. _____
4. _____
5. _____
6. _____
7. _____

Gratitude LOG

MONTH : _____

DAY   TODAY I AM GRATEFUL FOR:

1
2
3
4
5
6
7
8
9
10
11
12
13
14
15
16
17
18
19
20
21
22
23
24
25
26
27
28
29
30
31

SLEEP LOG

YEAR: MONTH:

DAY	HOURS SLEPT	NOTES
1	7 8 9 10 11 12 1 2 3 4 5 6 7 8 9 10 11 12 13	
2	7 8 9 10 11 12 1 2 3 4 5 6 7 8 9 10 11 12 13	
3	7 8 9 10 11 12 1 2 3 4 5 6 7 8 9 10 11 12 13	
4	7 8 9 10 11 12 1 2 3 4 5 6 7 8 9 10 11 12 13	
5	7 8 9 10 11 12 1 2 3 4 5 6 7 8 9 10 11 12 13	
6	7 8 9 10 11 12 1 2 3 4 5 6 7 8 9 10 11 12 13	
7	7 8 9 10 11 12 1 2 3 4 5 6 7 8 9 10 11 12 13	
8	7 8 9 10 11 12 1 2 3 4 5 6 7 8 9 10 11 12 13	
9	7 8 9 10 11 12 1 2 3 4 5 6 7 8 9 10 11 12 13	
10	7 8 9 10 11 12 1 2 3 4 5 6 7 8 9 10 11 12 13	
11	7 8 9 10 11 12 1 2 3 4 5 6 7 8 9 10 11 12 13	
12	7 8 9 10 11 12 1 2 3 4 5 6 7 8 9 10 11 12 13	
13	7 8 9 10 11 12 1 2 3 4 5 6 7 8 9 10 11 12 13	
14	7 8 9 10 11 12 1 2 3 4 5 6 7 8 9 10 11 12 13	
15	7 8 9 10 11 12 1 2 3 4 5 6 7 8 9 10 11 12 13	
16	7 8 9 10 11 12 1 2 3 4 5 6 7 8 9 10 11 12 13	
17	7 8 9 10 11 12 1 2 3 4 5 6 7 8 9 10 11 12 13	
18	7 8 9 10 11 12 1 2 3 4 5 6 7 8 9 10 11 12 13	
19	7 8 9 10 11 12 1 2 3 4 5 6 7 8 9 10 11 12 13	
20	7 8 9 10 11 12 1 2 3 4 5 6 7 8 9 10 11 12 13	
21	7 8 9 10 11 12 1 2 3 4 5 6 7 8 9 10 11 12 13	
22	7 8 9 10 11 12 1 2 3 4 5 6 7 8 9 10 11 12 13	
23	7 8 9 10 11 12 1 2 3 4 5 6 7 8 9 10 11 12 13	
24	7 8 9 10 11 12 1 2 3 4 5 6 7 8 9 10 11 12 13	
25	7 8 9 10 11 12 1 2 3 4 5 6 7 8 9 10 11 12 13	
26	7 8 9 10 11 12 1 2 3 4 5 6 7 8 9 10 11 12 13	
27	7 8 9 10 11 12 1 2 3 4 5 6 7 8 9 10 11 12 13	
28	7 8 9 10 11 12 1 2 3 4 5 6 7 8 9 10 11 12 13	
29	7 8 9 10 11 12 1 2 3 4 5 6 7 8 9 10 11 12 13	
30	7 8 9 10 11 12 1 2 3 4 5 6 7 8 9 10 11 12 13	
31	7 8 9 10 11 12 1 2 3 4 5 6 7 8 9 10 11 12 13	

Self Care CHECKLIST

DECEMBER 2020

MORNING ROUTINE

1 2 3 4 5 6 7 8 9 10 11 12 13 14 15 16 17 18 19 20 21 22 23 24 25 26 27 28 29 30 31

AFTERNOON ROUTINE

1 2 3 4 5 6 7 8 9 10 11 12 13 14 15 16 17 18 19 20 21 22 23 24 25 26 27 28 29 30 31

EVENING ROUTINE

1 2 3 4 5 6 7 8 9 10 11 12 13 14 15 16 17 18 19 20 21 22 23 24 25 26 27 28 29 30 31

MONTHLY REFLECTION

Monthly MOOD LOG

ASSIGNED COLOR CODES

HAPPY SAD TIRED

SICK STRESSED DEPRESSED

EXCITED ANGRY NERVOUS

ENERGETIC FOCUSED MOTIVATED

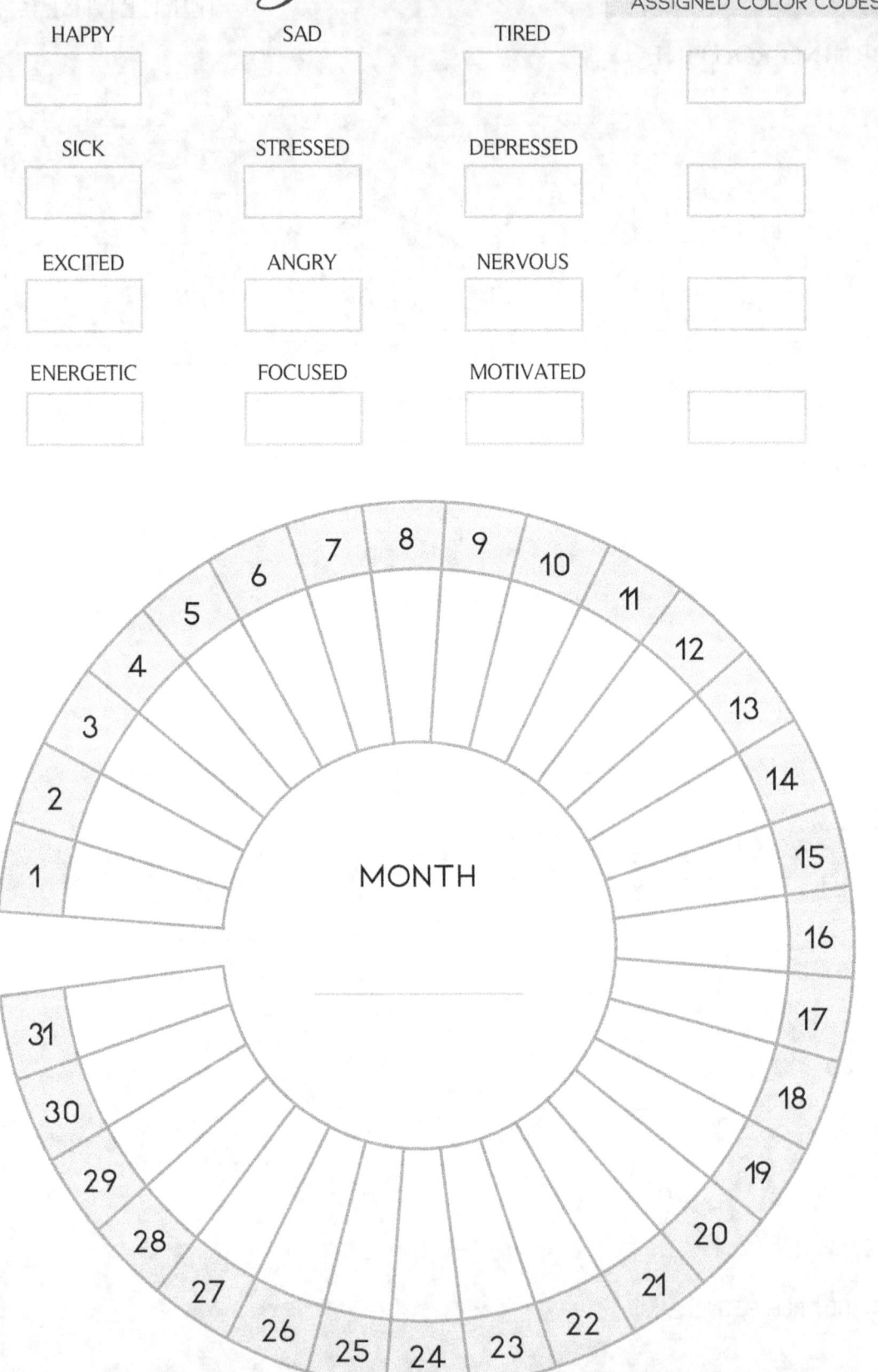

MONTH

Gratitude TRACKER

USE THE STEPPING BLOCKS BELOW TO FILL IN
THE DAYS WHERE YOU FELT GRATEFUL.

MONTH: _____

Level 10 LIFESTYLE

FAMILY & FRIENDS	PERSONAL GROWTH	CAREER/BUSINESS

CONTRIBUTION/GIVING	ROMANCE	FINANCES

ENVIRONMENT	SPIRITUALITY	HEALTH/FITNESS

FOCUS

MONTH	JAN	FEB	MAR	APR	MAY	JUN	JUL	AUG	SEP	OCT	NOV	DEC

TOP WORKOUT GOALS

DATE	WORKOUT SUMMARY	TIME	✓
1.			
2.			
3.			
4.			
5.			
6.			
7.			
8.			
9.			
10.			
11.			
12.			
13.			
14.			
15.			
16.			
17.			
18.			
19.			
20.			
21.			
22.			
23.			
24.			
25.			
26.			
27.			
28.			
29.			
30.			
31.			

FAVORITE WORKOUTS

NOTES

GRATEFUL *Heart*

WHAT I AM MOST GRATEFUL FOR

PEOPLE

1. _____
2. _____
3. _____
4. _____
5. _____
6. _____
7. _____

PLACES

1. _____
2. _____
3. _____
4. _____
5. _____
6. _____
7. _____

MEMORIES

1. _____
2. _____
3. _____
4. _____
5. _____
6. _____
7. _____

PERSONAL MILESTONES

1. _____
2. _____
3. _____
4. _____
5. _____
6. _____
7. _____

WORK LIFE

1. _____
2. _____
3. _____
4. _____
5. _____
6. _____
7. _____

OTHER

1. _____
2. _____
3. _____
4. _____
5. _____
6. _____
7. _____

Gratitude LOG

MONTH :

DAY	TODAY I AM GRATEFUL FOR:
1	
2	
3	
4	
5	
6	
7	
8	
9	
10	
11	
12	
13	
14	
15	
16	
17	
18	
19	
20	
21	
22	
23	
24	
25	
26	
27	
28	
29	
30	
31	

SLEEP LOG

YEAR: MONTH:

DAY	HOURS SLEPT	NOTES
1	7 8 9 10 11 12 1 2 3 4 5 6 7 8 9 10 11 12 13	
2	7 8 9 10 11 12 1 2 3 4 5 6 7 8 9 10 11 12 13	
3	7 8 9 10 11 12 1 2 3 4 5 6 7 8 9 10 11 12 13	
4	7 8 9 10 11 12 1 2 3 4 5 6 7 8 9 10 11 12 13	
5	7 8 9 10 11 12 1 2 3 4 5 6 7 8 9 10 11 12 13	
6	7 8 9 10 11 12 1 2 3 4 5 6 7 8 9 10 11 12 13	
7	7 8 9 10 11 12 1 2 3 4 5 6 7 8 9 10 11 12 13	
8	7 8 9 10 11 12 1 2 3 4 5 6 7 8 9 10 11 12 13	
9	7 8 9 10 11 12 1 2 3 4 5 6 7 8 9 10 11 12 13	
10	7 8 9 10 11 12 1 2 3 4 5 6 7 8 9 10 11 12 13	
11	7 8 9 10 11 12 1 2 3 4 5 6 7 8 9 10 11 12 13	
12	7 8 9 10 11 12 1 2 3 4 5 6 7 8 9 10 11 12 13	
13	7 8 9 10 11 12 1 2 3 4 5 6 7 8 9 10 11 12 13	
14	7 8 9 10 11 12 1 2 3 4 5 6 7 8 9 10 11 12 13	
15	7 8 9 10 11 12 1 2 3 4 5 6 7 8 9 10 11 12 13	
16	7 8 9 10 11 12 1 2 3 4 5 6 7 8 9 10 11 12 13	
17	7 8 9 10 11 12 1 2 3 4 5 6 7 8 9 10 11 12 13	
18	7 8 9 10 11 12 1 2 3 4 5 6 7 8 9 10 11 12 13	
19	7 8 9 10 11 12 1 2 3 4 5 6 7 8 9 10 11 12 13	
20	7 8 9 10 11 12 1 2 3 4 5 6 7 8 9 10 11 12 13	
21	7 8 9 10 11 12 1 2 3 4 5 6 7 8 9 10 11 12 13	
22	7 8 9 10 11 12 1 2 3 4 5 6 7 8 9 10 11 12 13	
23	7 8 9 10 11 12 1 2 3 4 5 6 7 8 9 10 11 12 13	
24	7 8 9 10 11 12 1 2 3 4 5 6 7 8 9 10 11 12 13	
25	7 8 9 10 11 12 1 2 3 4 5 6 7 8 9 10 11 12 13	
26	7 8 9 10 11 12 1 2 3 4 5 6 7 8 9 10 11 12 13	
27	7 8 9 10 11 12 1 2 3 4 5 6 7 8 9 10 11 12 13	
28	7 8 9 10 11 12 1 2 3 4 5 6 7 8 9 10 11 12 13	
29	7 8 9 10 11 12 1 2 3 4 5 6 7 8 9 10 11 12 13	
30	7 8 9 10 11 12 1 2 3 4 5 6 7 8 9 10 11 12 13	
31	7 8 9 10 11 12 1 2 3 4 5 6 7 8 9 10 11 12 13	

www.ingramcontent.com/pod-product-compliance
Lightning Source LLC
Chambersburg PA
CBHW081156070526
44583CB00021B/2870